Grandi Tascabili Economici
397

In copertina: Pierre-Auguste Renoir, *Dolores*, 1868

Titolo originale: *Rimas*

Prima edizione: agosto 1996
Grandi Tascabili Economici Newton
Divisione della Newton & Compton editori s.r.l.
© 1996 Newton & Compton editori s.r.l.
Roma, Casella postale 6214

ISBN 88-8183-480-4

Stampato su carta Libra Cream della Cartiera di Kajaani
distribuita dalla Fennocarta s.r.l., Milano
Copertina stampata su cartoncino Fine Art Board della Cartiera di Aanekoski

Gustavo Adolfo Bécquer

Poesie d'amore
Rimas

Cura e traduzione di Marina Cepeda Fuentes
Testo spagnolo a fronte

Edizione integrale

Grandi Tascabili Economici
Newton

Introduzione

«*Sto facendo la valigia per il viaggio. Fra poco morirò. Avvolti in questo fazzoletto ci sono i miei versi e la mia prosa. Correggili come sempre, finisci se vuoi quel che non ho concluso, e dopo ridammeli: ma se mi dovessero sotterrare prima, pubblica quel che ti piace di più, e santa pace.*» Con queste parole Gustavo Adolfo Bécquer consegnò nel luglio del 1870 la sua opera a Narciso Campillo, professore di Retorica e Poetica nell'Istituto Cardenal Cisneros di Madrid e amico intimo del poeta andaluso fin dall'adolescenza. Cinque mesi più tardi, il 22 dicembre, Bécquer moriva a soli trentaquattro anni del cosiddetto «*mal sottile*» e un anno dopo Campillo, insieme con altri cari amici dello scrittore, come Augusto Ferrán, Rodriguez Correa e José Casado, pubblicheranno presso l'Imprenta de T. Fortanet di Madrid la prima edizione delle **Obras de Gustavo Adolfo Bécquer**. *Il loro impegno non si limitò a far aprire a Madrid e a Siviglia, dove era nato Bécquer, una pubblica sottoscrizione alla quale persino l'allora re di Spagna, Amedeo di Savoia, avrebbe contribuito con mille* reales, *ma giunse al punto di correggere il manoscritto e le successive bozze scrivendo anche l'introduzione: venne così consegnata ai posteri parte dell'opera di colui che sarà poi considerato il maggior esponente del post-romanticismo spagnolo, Gustavo Adolfo Bécquer.*
In quella prima edizione delle **Obras** *vennero pubblicate, per la prima volta col titolo di* **Rimas**, *le 79 poesie, riunite alla rinfusa dal poeta nel manoscritto* **El libro de los gorriones**, *custodito tuttora nella Biblioteca Nazionale di Madrid, dove fu casualmente scoperto nel 1914 dall'ispanista tedesco Franz Schneider, e che poi diventeranno universalmente celebri, soprattutto nel cuore degli innamorati. I suoi versi, letti da generazioni e generazioni di adolescenti in Spagna e in America latina, sono intrisi di una dolce malinconia, indulgenti ai toni cupi e alla tristezza. Dedicati alla creatività del poeta che inse-*

gue un amore ideale, all'innamoramento, alla bellezza della donna amata, al tradimento, al dolore, alla morte, hanno anche ispirato tanti poeti, come ad esempio in Italia Eugenio Montale, il quale apre i «Mottetti», nella seconda parte delle Occasioni, *con l'ultima strofa della Rima* XXII, *«Sobre el volcán la flor», «Nel vulcano un fiore».*

Gli amici di Bécquer che curarono quella prima edizione delle Obras *pubblicarono le poesie numerandole dall'uno al settantanove. Così ordinate le* Rime *seguono la storia di un processo esistenziale attorno ai tre temi cari a Bécquer: l'amore, la solitudine e il mistero della creazione artistica del poeta e del destino umano. L'amore è la radice più profonda della poesia becqueriana. Un amore non idealizzato alla maniera dei romantici più puri, ma soggetto all'imperfezione umana: Bécquer non vede nella donna un archetipo bensì un essere reale il cui merito maggiore risiede nella bellezza. Nella lettura ordinata delle 79* Rime *si scorre tutta la poetica storia di un amore, dal suo sbocciare fino al momento in cui la passione amorosa si trasforma in puro dolore. Subentra allora la solitudine dell'anima dolente e in quella desolata tristezza la poesia di Bécquer raggiunge la massima emotività: la luce diventa penombra, il riso è pianto, la musica silenzio e l'unica compagnia possibile è quella dei defunti. Il mistero dell'esistenza umana si fa sempre più denso e la creatività del poeta si può solo paragonare alle note celate nelle vecchie corde di un'arpa abbandonata in una stanza lasciata in penombra, sebbene le eterne difficoltà economiche di Bécquer lo costringano ad ammettere con acerba ironia nella Rima* XXVI *che «una ode solo è valida / sul dorso scritta di un biglietto di Banca».*

Forse l'ordine che gli amici di Bécquer imposero alle Rime *venne deciso con loro dal poeta mentre era in vita; in ogni modo sembrerebbe ispirato all'*Intermezzo lirico *di Heine del 1823, uno degli autori che più hanno influito sull'opera dello scrittore sivigliano. Ancora adolescente Bécquer aveva sicuramente letto le prime traduzioni che delle poesie di Heine aveva pubblicato in varie riviste l'amico Augusto Ferrán: il poeta romantico tedesco gli aveva suggerito il carattere intimista dei suoi versi così come l'arte di trasformare il grido impetuoso e la teatralità del Romanticismo in un tenue filo di voce e in un delicato e nobile gesto. Anche Byron era stato fra i «maestri» ispiratori di Bécquer il quale, non a caso, chiamò la Rima* XIII, *la* *prima che riuscì a pubblicare in una rivista letteraria, «Imitando Byron».* Ma la vera musa ispiratrice delle Rime *fu per Bécquer la poesia popolare della sua terra: le* seguidillas, *i* fandangos, *le* coplas *che nei secoli il popolo andaluso aveva tramandato oralmente di generazione in generazione e che attraverso i sentimenti arrivavano a toccare le corde più nascoste dell'anima, erano penetrati in profondità nel cuore del poeta sivigliano. Sicché mentre lentamente, nella seconda metà del romantico Ottocento, quei versi andalusi che parlavano d'amore, di passione, di tradimenti e di morte, patrimonio soprattutto dei gitani e della povera gente, diventavano il* cante jondo *del flamenco più puro, il canto che secondo García Lorca, altro poeta andaluso, risiedeva «nelle ultime stanze del sangue», Bécquer componeva le sue aristocratiche* Rime *di amore, di passione, di tradimenti e di morte.*

«Esiste una poesia magnifica e sonora», scriveva Bécquer a proposito della distinzione fra la poesia colta e quella popolare che lui tanto amava, soggiungendo: «una poesia figlia della meditazione e dell'arte, che si addobba con tutta la pompa della lingua, che si muove con una ritmica maestà, che parla all'immaginazione conducendola per un sentiero sconosciuto, seducendola con la sua armonia e la sua bellezza. È il frutto divino dell'unione dell'arte con la fantasia.

Esiste un'altra naturale, breve, secca, che sorge dall'anima come una scintilla elettrica, che ferisce il sentimento con una parola e poi fugge, e che, nuda da ogni artificio, libera da ogni forma, sveglia le mille idee che dormono nell'oceano senza fondo della fantasia. È la poesia popolare; la sintesi di ogni poesia; perché il popolo è stato, e lo sarà sempre, il grande poeta di tutte le epoche».

Bécquer, come più tardi varie generazioni di poeti andalusi, Juán Ramón Jiménez, i fratelli Antonio e Manuel Machado e lo stesso Federico García Lorca, scrive le sue poesie quando il sentimento è ormai conservato come un tesoro nella memoria: «Alloraquandotornoarivivereimmaginariamentequelchemièaccaduto scrivo; scrivo come colui che copia da una pagina già scritta, come il pittore che riproduce il paesaggio che si dilata davanti ai suoi occhi e si perde fra la bruma degli orizzonti». Della sua fertile memoria sono frutto anche nelle Cartas literarias a una mujer, *indirizzate a una donna cui rivela le sue più celate aspirazioni, le descrizioni della sua amata Siviglia, delle passeggiate da adolescente pieno di illusioni lungo il fiume Guadalquivir, vicino al quale, raggiunta la celebrità, avrebbe voluto che gli fosse stato dedicato un monumento:* «Io, quando la morte avrebbe finito con la mia esistenza, desideravo che mi ponessero a dormire il sogno d'oro dell'immortalità sulle rive del Betis, da me cantato con ode magnifiche, in quello stesso luogo dove mi recavo tante volte per sentire il soave mormorio delle sue onde. Una pietra bianca con una croce e con il mio nome, avrebbero costituito tutto il monumento».

Quel monumento che avrebbe perpetuato il ricordo del poeta andaluso nella sua città natale esiste: non sulle rive del fiume ma nel romantico parco di Maria Luisa realizzato nel 1929. Nella cosiddetta Glorieta de Bécquer, *dove si trova il bellissimo gruppo scultoreo a lui dedicato, venne costruita anche una piccola edicola di pietra dove furono collocate per decine di anni tutte le opere del poeta e varie edizioni delle* Rime *a disposizione del pubblico che voleva soffermarsi a leggere. Ancora agli albori del Sessantotto si potevano vedere ragazze solitarie dagli occhi sognanti, qualche timido aspirante poeta dall'aspetto sofferente, oppure coppie di innamorati che, mano nella mano, seduti sulle panchine della piccola rotonda seminascosta dai rampicanti, leggevano quei versi intramontabili. Poi, quando leggere poesie in pubblico cominciò a sembrare qualcosa di vecchio, poco consono ai nuovi eventi europei, quei vecchi libri furono fatti a pezzi da qualcuno che non aveva capito che anche nei versi dell'Ottocento* «l'immaginazione era al potere».

Avevo appena vent'anni ma ricordo ancora come fosse oggi con quanto dolore raccolsi i pochi fogli strappati che il vento aveva soavemente portato ai piedi del busto del poeta. Come tutte le mattine, mentre mi recavo alla facoltà di Architettura dove ero iscritta, passavo davanti alla Glorieta de Bécquer. *Mi piaceva guardare per alcuni minuti il bel monumento liberty dedicato al poeta e quando avevo tempo rileggevo alcuni dei suoi versi. Il suo marmoreo busto, dietro il quale sembra spiccare il volo una delicata figura di Cupido alato, è collocato sotto un superbo cedro secolare. Intorno al tronco scorre una panchina circolare di marmo sulla quale è sistemato il gruppo scultoreo formato dall'Amore Caduto, bronzeo simbolo dell'anima dolente del poeta, e da tre donne che nel più candido marmo rappresentano le tre fasi dell'amore becqueriano:* «l'amore futuro» *o l'innamora-*

mento, ha le sembianze di una bellissima giovane ancora adolescente; «l'amore presente» è raffigurato da una donna in età matura; mentre «l'amore passato» o il disinganno ha l'aspetto di una signora ormai stanca.

Da allora i libri non sono stati più collocati nella nicchia di pietra: sarebbe forse inutile perché i vandali che imperversano in tutte le grandi città li farebbero sparire. Ma ragazze solitarie continuano a passare guardando le tre forme dell'Amore con occhi sognanti; qualche giovane futuro poeta vi si siede tuttora per ore aspettando la Musa; e non vi è coppia di innamorati a Siviglia che non vada ad amoreggiare nella romantica Glorieta *sotto lo sguardo malinconico di Gustavo Adolfo Bécquer. Quanto a me, sivigliana di nascita, e sognatrice eterna, vorrei riparare il torto che venne fatto al poeta agli albori del Sessantotto, quando qualcuno strappò i suoi versi, deponendo umilmente ai piedi del monumento questa nuova edizione delle* Rime *che si potrebbero intitolare:* Poesie d'amore di un'anima dolente.

MARINA CEPEDA FUENTES

14 febbraio 1996, San Valentino

Nota biobibliografica

LA VITA

1836. Il 17 febbraio nasce a Siviglia da José Dominguez Insausti e da Joaquina Bastida Vargas. Il padre, celebre pittore sivigliano, aveva adottato il cognome Bécquer degli antenati fiamminghi che si erano stabiliti in Andalusia alla fine del XVI secolo e dei quali esisteva all'epoca nella cattedrale sivigliana una cappella dove riposavano i resti dei ventiquattro *hidalgos* che l'avevano fondata. Anche la madre proveniva da famiglia aristocratica e benestante, ma alla nascita di Gustavo Adolfo, il quinto figlio, la famiglia era ormai decaduta economicamente.
1841. Morte del padre.
1846. Viene iscritto alla prestigiosa scuola sivigliana di San Telmo dove rimarrà circa un anno.
1847. La soppressione della scuola coincide con la morte della madre. Il piccolo orfano viene affidato alla zia e madrina Manuela Monchay. Nella casa della ricca e colta signora Gustavo Adolfo scopre la sua vocazione letteraria: in pochi mesi divora le migliaia di libri della splendida biblioteca dove spiccano le opere di Victor Hugo, Balzac, Chateaubriand, Hoffmann, Espronceda e soprattutto di Byron, di Musset e del giovane Heine, i suoi maestri ispiratori.
1848. Scrive la sua prima poesia conosciuta in occasione della morte del poeta Alberto Lista, il vecchio maestro della prima generazione romantica spagnola. Due anni dopo compone la *Oda a la señorita Lenona en su partida* e più tardi i *Fragmentos de adolescencia*, una serie di poesie ispirate dalle lunghe passeggiate lungo le rive del fiume Guadalquivir e dalle letture dei poeti classici sivigliani come Rioja o Herrera.
1850. Per assecondare la sua predisposizione alla pittura la zia lo iscrive alla scuola del pittore sivigliano Antonio Cabral, dove studiava anche suo fratello Valeriano, il quale diventerà uno dei più celebri pittori *costumbristas* della seconda metà dell'Ottocento.
1854. Nel mese di ottobre si trasferisce nella più vivace Madrid, dove vi erano la maggior parte delle case editrici, per tentare l'avventura della letteratura, la sua vera vocazione. Inizia così una vita nuova, ricca di nuove esperienze ma anche di grandi difficoltà economiche dalle quali gli sarà difficile uscire.
1855. Per sopravvivere collabora a vari giornali e riviste di teatro, di letteratura e persino di moda, come *El Album de señoritas* e il *Correo de la moda*, e fonderà con alcuni amici riviste letterarie come *El Mundo* ed *El Porvenir*, le quali per mancanza di sostegno economico falliranno dopo qualche numero.

1857. Comincia a scrivere quella che avrebbe dovuto essere la sua grande impresa letteraria: una serie di volumi sulla *Historia de los Templos de España*. Ma la morte prematura non gli permetterà di realizzare se non il primo volume. Alla fine dell'anno inizia a collaborare proficuamente nella rivista *El Nene* con una delle sue *Rime*: la numero XIII, significativamente intitolata «Imitazione di Byron».

1858. Soffre il primo attacco di emottisi, la grave malattia polmonare che degenererà poi nel «mal sottile» o tubercolosi che lo porterà alla morte. Dopo un lungo periodo di riposo e cure intensive torna a frequentare i salotti culturali della capitale dove conosce il suo grande amore, colei che ispirerà la maggior parte delle sue *Rime*: Julia Espín, figlia del direttore dell'Orchestra Real di Madrid. La burrascosa relazione, tempestata di tradimenti da parte di Julia, dura circa tre anni durante i quali Bécquer compone la maggior parte delle *Rime* più celebri, quelle dedicate alla gioia dell'innamoramento e alla disperazione per l'amore tradito.

1860. L'amico José Luis Albareda fonda a Madrid la rivista letteraria *El Contemporaneo*, dove Bécquer collabora periodicamente pubblicando molte delle sue opere. In quell'anno esce sul giornale la prima delle sue *Cartas literarias a una mujer*.

1861. Lo raggiunge a Madrid il fratello Valeriano, ormai pittore consacrato, il quale gli rimarrà vicino fino alla morte. Insieme viaggiano per quella Spagna misteriosa e costellata di opere d'arte che servirà a entrambi da ispirazione per le loro opere: vecchi conventi, templi gotici, osterie abbandonate e imponenti palazzi signorili saranno descritti nelle *Rime*, e soprattutto nelle *Leggende*, di Gustavo Adolfo e raffigurati nei dipinti di Valeriano. Per dimenticare i tradimenti di Julia Espín si ritira nel monastero aragonese di Veruela per poi sposare senza amore Casta Esteban, figlia di un medico madrileno e donna volgare e insensibile, con la quale avrà due figli, Gustavo Adolfo nel 1862 e Jorge Luis nel 1865. Quelli saranno gli anni più proficui della produzione letteraria di Bécquer, nella quale si era rifugiato per dimenticare il fallimento del suo matrimonio.

1864. Si aggrava la sua malattia e trascorre un lungo periodo di convalescenza nel monastero di Veruela col fratello Valeriano. Da lì invierà al *Contemporaneo* le *Cartas desde mi celda*. L'amico González Bravo, noto uomo politico, lo fa nominare Censore Ufficiale di romanzi per aiutarlo economicamente.

1865. Appare a Madrid il periodico *El Museo Universal* dove collaboreranno i due fratelli Bécquer; a volte Valeriano illustrerà con i suoi disegni anche gli scritti di Gustavo Adolfo.

1868. González Bravo, nuovo Presidente di Governo, gli trova i fondi per pubblicare la prima edizione delle *Rime*, ma prima che ciò accada nell'incendio della casa di Bravo durante le rivolte contro la regina Isabel II, sparisce per sempre l'unico manoscritto.

1869. In un quaderno che i suoi amici gli regalano e che lo stesso Bécquer intitola *El libro de los gorriones*, oggi conservato nella Biblioteca Nazionale di Madrid, il poeta scrive la bellissima «Introduzione sinfonica» e, affidandosi soltanto alla sua memoria, parte dell'opera perduta: quelle 79 poesie che poi saranno pubblicate postume col titolo di *Rime*. Quello stesso anno la rivista *El Museo Universal* diventa la celeberrima *Ilustra-*

ción española y americana in cui i due fratelli Bécquer continueranno a collaborare. Gustavo Adolfo si separa dalla moglie.
1870. Eduardo Gasset y Artime fonda la *Ilustración de Madrid*, affidando la direzione a Gustavo Adolfo Bécquer: vi collaborerà anche il fratello. Ma la morte improvvisa di Valeriano nel mese di settembre costituirà per Gustavo Adolfo motivo di una gravissima depressione dalla quale non riuscirà ad uscire. Dopo la riconciliazione con la moglie il poeta ha una ricaduta della malattia che mai lo aveva abbandonato e il 22 dicembre, alle dieci del mattino, Bécquer muore a soli 34 anni.

LE OPERE

Nel 1871, col titolo di *Obras de Gustavo Adolfo Bécquer*, e grazie all'interesse degli amici del poeta che faranno addirittura una colletta e correggeranno i manoscritti mettendoli a punto, esce postuma, edita nella *Imprenta de T. Fortanet* di Madrid, la prima edizione in due volumi di una parte delle sue opere. Il primo volume conteneva tutte le *Leggende* e il secondo le nove *Cartas literarias: Desde mi celda*, diversi articoli apparsi sulle riviste letterarie e le 79 *Rimas* del *Libro de los gorriones* con la celebre *Introducción sinfonica*. Su quella prima edizione verranno fatte tutte le successive, con l'aggiunta nella terza edizione del 1881 delle *Cartas literarias a una mujer* e del prologo al libro dell'amico AUGUSTO FERRÁN, *La Soledad*. Da quel momento l'opera di BÉCQUER è stata pubblicata continuamente in Spagna e in tutti i Paesi di lingua castigliana. Ultimamente, nel 1993, la editrice Arguval di Malaga ha stampato la copia facsimile della edizione del 1871 a cura di CRISTOBAL CUEVAS e di SALVADOR MONTESA.
Fra le numerose edizioni delle sue *Obras completas*, vi sono quelle della casa editrice Aguilar pubblicata per la prima volta nel 1936 con il prologo dei fratelli ALVAREZ QUINTERO; l'ultima edizione, a cura di DIONISIO GAMALLO FIERROS, è del 1961 e conserva il prologo dei due scrittori andalusi.
Nel 1949 l'editore Afrodisio Aguado di Madrid pubblica le *Obras completas* con prologo di MARIANO SANCHEZ PALACIOS e con gran parte della produzione becqueriana pubblicata nei vari giornali madrileni con cui collaborava lo scrittore: venti *Leyendas*, dieci *Cartas desde mi celda*, quattro *Cartas a una mujer*, *Los templos de Toledo*, novantaquattro poesie fra cui le 79 *Rimas*, *Fragmentos poeticos de la adolescencia*, quindici *Ensayos literarios*, ventiquattro cronache sulle *Tradiciones y costumbres españolas*, altre diciotto sui *Motivos del Arte* e diciannove su altri temi, oltre a *Pensamientos* e al suo *Testamento literario*.
Le biografie su BÉCQUER e gli studi critici sulle sue opere sono centinaia, pubblicati in tutta l'Europa e nell'America latina; ma il lettore che vorrà iniziare lo studio dello scrittore sivigliano non potrà non esaminare il fondamentale studio di RUBÉN BENÍTEZ, *Ensayo de bibliografia razonada de Gustavo Adolfo Bécquer*, pubblicato nell'Università di Buenos Aires nel 1961 e successivamente ampliato.
Quanto alle celeberrime 79 *Rimas*, sono state pubblicate da sole la prima volta nel 1944 a Buenos Aires dalla editrice Pleamar con un poema introduttivo di RAFAEL ALBERTI e una presentazione di JUÁN RAMÓN JIMÉNEZ. Delle innumerevoli successive edizioni in lingua castigliana sono in catalo-

go, fra le altre, *Rimas y otros poemas*, edito ininterrottamente a Madrid da Alianza editorial dal 1979 al 1993, a cura di JORGE CAMPOS; e *Rimas*, pubblicate dalla editrice madrilena Catedra nel 1992 a cura di JOSÉ LUIS CANO. Nel 1971 la Dirección General de Archivos, Bibliotecas y Museos de Madrid ha pubblicato una edizione in facsimile del manoscritto delle *Rime*, là conservato, col suo titolo originale, *El libro de los gorriones*, «Il libro dei passeri».

TRADUZIONI E STUDI CRITICO-BIOGRAFICI PUBBLICATI IN ITALIA

In Italia BÉCQUER è stato scarsamente tradotto e poco studiato. Dal 1936, quando a Milano viene pubblicato il saggio di PILADE MAZZEI, *Due anime dolenti: Bécquer e Rosalia*, bisognerà attendere fino al 1945 con la pubblicazione nelle Edizioni della Bussola di una raccolta delle sue poesie nel volume *Notturno spagnolo* a cura di LUIGI DE FILIPPO con i disegni di DARIO CECCHI. E nel 1947 ORESTE MACRÌ pubblicherà a Milano la sua traduzione delle *Rime*.

Nel 1951 la Rizzoli stampa le *Leggende* con il titolo di *La Croce e il diavolo*, a cura di FERDINANDO CARLESI. Una scelta delle *Rime* tradotte da LUIGI FRASCA viene pubblicata nel 1953 dalle Edizioni Astolfo di Comiso, e nello stesso anno l'editrice Vincenzo Bona di Torino presenta un saggio di MARIO PENNA sul poeta intitolato *Gustavo Adolfo Bécquer: prosa e poesia*.

Le *Rimas*, tradotte da ILEANA SCHWEIGER ACUTI, vengono pubblicate col titolo in castigliano da La Goliardica di Milano nel 1966. La stessa curatrice ripropone nel 1967 una versione ampliata e riveduta, col titolo di *Rime* e con un'ampia introduzione, nella Collezione Piccola Fenice dell'editore Guanda di Parma. Successivamente, nel 1971, la traduzione, l'introduzione e le note delle *Rime* saranno curate da LUIGI FIORENTINO per la Collana «La grande poesia di ogni tempo» della casa editrice Ceschina di Milano.

Lo stesso autore pubblicherà nel 1972 per i tipi dell'editrice Maia di Siena il saggio *Il balcone e le rondini: Bécquer nella vita e nella poesia*. Dello stesso anno è la traduzione delle *Leyendas* di ROMANO COLANGELI pubblicata, col titolo in spagnolo, dalla editrice Milella di Lecce, e tuttora in catalogo.

Nel 1977 Il polso delle Muse stampa a Milano il saggio di LUIGI FIORENTINO, *Il clima pre-becqueriano*; e nel 1978 l'editore Mario Solfanelli di Chieti, per la Biblioteca del Cigno, pubblica col titolo di *Rimas*, il saggio a cura di VIRGILIO SERAFINI sulla «vicenda romantica di Bécquer con una scelta delle sue *Rime*».

Una nuova versione e commento delle *Rime*, di SALVATORE PALUMBO, viene pubblicata a Palermo nel 1980; mentre nel 1986 la Ecig di Genova nella sezione La rosa di Paracelso, presenta le *Leggende* di BÉCQUER a cura di GOFFREDO FERETTO con la traduzione di MARIA GIOIA FERETTO. Seguirà nel 1988 per i tipi della Bulzoni un saggio su BÉCQUER a cura di autori vari, dal titolo *Esotismo indiano*, nell'ampia antologia dedicata alla letteratura iberica e latino-americana.

Del 1989 è la pubblicazione di *Leggende*, a cura di FRANCISCO J. LOBERA SERRANO e di GRAZIELLA CHIARCOSSI, presso la casa editrice Theoria di Roma e Napoli; e del 1990 è la nuova versione delle *Rime* a cura di ROSARIO TROVATO pubblicata dall'editrice Il Ponte di Firenze.

Questa traduzione delle *Rime* è stata eseguita sul testo del manoscritto di *El libro de los gorriones*, ma seguendo l'ordine imposto alle poesie dagli amici del poeta nella prima edizione del 1871 e che poi è diventato quello normalmente seguito nella maggior parte delle edizioni successive.

Rimas / Rime

Introduzione sinfonica
(dal «Libro dei passeri»)

Nei tenebrosi angoli del mio cervello, rannicchiati e nudi, dormono i bizzarri figli della mia fantasia, aspettando in silenzio che l'Arte doni loro la veste della parola per potersi presentare in modo decoroso sulla scena del mondo.
Feconda, come il letto d'amore della Miseria, e simile a quei genitori che concepiscono più figli di quanti possono mantenere, la mia musa genera e partorisce nel misterioso santuario della mia testa, popolandola di innumerevoli creature alle quali né la mia attività né tutti gli anni che mi restano di vita riusciranno a dare una forma.
E qui dentro nudi e deformi, ingarbugliati e mescolati in una indescrivibile confusione, li sento a volte agitarsi e vivere con una vita oscura e strana, somigliante a quella delle miriadi di germi che bollono e sussultano in un'eterna incubazione dentro le viscere della terra, senza trovare sufficienti energie per uscire alla superficie e tramutarsi, col bacio del sole, in fiori e frutti.
Vivono con me e con me sono destinati a morire, senza che resti di loro altra traccia se non quella che lascia un sogno di mezzanotte quando al mattino non si riesce a ricordare. In qualche occasione, di fronte a questa idea tremenda, si solleva in loro l'istinto della vita e agitandosi, in formidabile benché silenzioso tumulto, cercano a frotte, fra le tenebre in cui abitano, la uscita verso la luce. Ma – ahimè! – fra il mondo dell'idea e quello della forma esiste un abisso che solo può colmare la parola; e la parola, timida e pigra, si nega ad assecondare i loro sforzi! Muti, ombrosi e impotenti, dopo l'inutile lotta, ritornano a cadere nel loro antico marasma. Allo stesso modo, quando cessa il vento, si adagiano inerti nei solchi dei sentieri le foglie ingiallite che sollevò il vortice!
Queste rivolte dei ribelli figli dell'immaginazione spiegano alcune delle mie febbri; esse sono la causa, sconosciuta per la

scienza, delle mie esaltazioni e dei miei abbattimenti. E in questo modo, anche se malamente, ho vissuto finora: portando a spasso tra la folla indifferente questa silenziosa tempesta della mia testa. Così sto vivendo; ma tutte le cose hanno un termine, e a questa bisogna porre il punto finale.

L'insonnia e la fantasia continuano e continuano a procreare in un mostruoso connubio. Le loro creature, costrette come le rachitiche piante di un vivaio, lottano per dilatare la loro fantastica esistenza, disputandosi gli atomi della memoria, come fossero la scarsa linfa di una terra sterile. È necessario dare libero corso alle acque profonde, alimentate ogni giorno da una sorgente viva, altrimenti finiranno col rompere la diga.

Andate, quindi! Andate e vivete con l'unica vita che posso darvi. La mia intelligenza vi nutrirà abbastanza per rendervi palpabili; vi vestirà, sebbene di stracci, quanto basta perché la vostra nudità non desti vergogna. Io vorrei forgiare per ognuno di voi una meravigliosa strofa tessuta con frasi squisite, nella quale vi possiate avvolgere orgogliosi come in un mantello di porpora. Vorrei poter cesellare la forma che vi deve contenere, come si cesella il vaso d'oro destinato a conservare un prezioso profumo. Ma è impossibile.

Nondimeno, ho bisogno di riposare; ho bisogno, così come si pratica un salasso al corpo nelle cui gonfie vene precipita il sangue con pletorica foga, di dare sfogo al cervello, insufficiente ormai a contenere tante assurdità.

Rimanete dunque qui in consegna, come la scia nebulosa che segnala il passaggio di un'ignota cometa, come gli atomi sparsi di un mondo in embrione che la morte scaglia nello spazio prima che il suo creatore abbia pronunciato il *fiat lux* che separa la luce dalle tenebre.

Non voglio che nelle mie notti insonni ritorniate a passare dinanzi ai miei occhi in stramba processione, simili a fantasmi senza consistenza, chiedendomi con gesti e contorsioni che vi faccia uscire dal limbo dove vivete, portandovi alla vita della realtà. Non voglio che, quando si spezzi quest'arpa ormai vecchia e rovinata, si perdano, insieme allo strumento, le ignote note che conteneva. Vorrei occuparmi un po' del mondo che mi circonda, se potessi, una volta svuotato, distogliere gli occhi da quest'altro mondo che vive nella mia testa. Il buon senso, che è la barriera dei sogni, incomincia a languire, e le genti di diverse fazioni si mescolano e si confondono. Stento a distinguere le cose che ho sognato da quelle che mi sono accadute; i miei affetti si dividono fra fantasmi dell'immaginazione e personaggi reali; la mia memoria classifica, in modo ingarbugliato, nomi di donne morte e date di giorni trascorsi con giorni e donne che sono esistiti solo nella mia mente. Devo dunque farla finita e mandarvi via dalla mia testa una volta per sempre.

  Se *morire è dormire*, voglio dormire in pace nella notte della morte, senza l'incubo di essere maledetto da voi per avervi condannato al nulla prima di nascere. Andate dunque a quel mondo, dove siete stati generati e rimanetevi come la eco che ha suscitato un'anima di passaggio sulla terra, con le sue gioie e i suoi dolori, con le sue speranze e le sue lotte.

  Forse, molto presto, dovrò fare la valigia per il grande viaggio. Da un momento all'altro lo spirito può slegarsi dalla materia per innalzarsi fino a regioni più pure. Non voglio, quando ciò accadrà, portare con me, come il variopinto bagaglio di un saltimbanco, il tesoro di fronzoli e di stracci che la fantasia ha accumulato nelle soffitte del mio cervello.

GUSTAVO ADOLFO BÉCQUER

Giugno del 1868

I.

    Yo sé un himno gigante y extraño
que anuncia en la noche del alma una aurora,
y estas páginas son de ese himno
cadencias que el aire dilata en las sombras.

    Yo quisiera escribirle, del hombre
domando el rebelde, mezquino idioma,
con palabras que fuesen a un tiempo
suspiros y risas, colores y notas.

    Pero en vano es luchar; que no hay cifra
capaz de encerrarle, y apenas, ¡oh hermosa!,
si, teniendo en mis manos las tuyas,
pudiera, al oído, cantártelo a solas.

I.

    Io so un inno immenso e strano
che annuncia nella notte dell'anima un'aurora,
e queste pagine sono di quell'inno
cadenze che l'aria dilata nell'ombra.

    Io vorrei scriverlo, dell'uomo
dominando la ribelle, meschina lingua,
con parole che fossero ad un tempo
sospiri e risate, colori e musica.

    Ma è inutile lottare; non c'è scrittura
che possa racchiuderlo, e a malapena – oh mia bella! –
tenendo fra le mie mani le tue,
potrei, all'orecchio, cantarlo a te sola.

II.

    Saeta que voladora
cruza arrojada al azar,
y que no se sabe dónde
temblando se clavará;

    hoja que del árbol seca
arrebata el vendaval
sin que nadie acierte el surco
donde al polvo volverá;

    gigante ola que el viento
riza y empuja en el mar,
y rueda y pasa, y se ignora
qué playa buscando va;

    luz que en cercos temblorosos
brilla, próxima a expirar,
y que no se sabe de ellos
cuál el último será;

    eso soy yo, que al acaso
cruzo el mundo, sin pensar
de dónde vengo ni adónde
mis pasos me llevarán.

II.

   Saetta che volando
passa, lanciata a sorte,
senza che si capisca dove
si conficcherà tremante;

   foglia secca che dall'albero
strappa il vento,
senza che nessuno indovini il solco
dove tornerà cadendo;

   gigantesca onda che il vento
increspa e nel mare spinge,
e gira e passa, e la spiaggia
che cercando va non si conosce;

   luce che in tremuli cerchi,
prossima alla fine, sfavilla
ignorandosi quale di essi
per ultimo brilla;

   così sono io, che per caso
percorro il mondo, non pensando
da dove arrivo né dove
i miei passi mi portano.

III.

   Sacudimiento extraño
que agita las ideas,
como huracán que empuja
las olas en tropel;

   murmullo que en el alma
se eleva y va creciendo,
como volcán que sordo
anuncia que va a arder;

   deformes siluetas
de seres imposibles;
paisajes que aparecen
como al través de un tul:

   colores que fundiéndose
remedan en el aire
los átomos del iris,
que nadan en la luz;

   ideas sin palabras,
palabras sin sentido;
cadencias que no tienen
ni ritmo ni compás;

   memorias y deseos
de cosas que no existen;
accesos de alegría,
impulsos de llorar;

   actividad nerviosa
que no halla en qué emplearse;
sin rienda que lo guíe
caballo volador;

   locura que el espíritu
exalta y desfallece;
embriaguez divina

III.

   Strana scossa
che agita le idee,
come uragano che spinge
a frotte le onde;

   bisbiglio che nell'anima
s'innalza e va crescendo,
come sordamente il vulcano
annuncia la esplosione;

   sagome deformi
di esseri impossibili;
paesaggi che ci appaiono
celati dietro un tulle:

   colori che fondendosi
imitano nell'aria
gli atomi dell'iride
che nuotano nella luce;

   idee senza parole,
parole senza senso;
cadenze che non hanno
né ritmo né tempo;

   memorie e desideri
di cose inesistenti;
accessi d'allegria,
incitamento al pianto;

   attività frenetica
che non trova uno scopo;
cavallo alato
che non si riesce a imbrigliare;

   pazzia che lo spirito
esalta e fa languire;
ubriacatura divina

del genio creador...

¡Tal es la inspiración!

   Gigante voz que el caos
ordena en el cerebro,
y entre las sombras hace
la luz aparecer;

   brillante rienda de oro
que poderosa enfrena
de la exaltada mente
el volador corcel;

   hilo de luz que en haces
los pensamientos ata;
sol que las nubes rompe
y toca en el cenit;

   inteligente mano
que en un collar de perlas
consigue las indóciles
palabras reunir;

   armonioso ritmo
que con cadencia y número
las fugitivas notas
encierra en el compás;

   cincel que el bloque muerde
la estatua modelando,
y la belleza plástica
añade a la ideal;

   atmósfera en que giran
con orden las ideas,
cual átomos que agrupa
recóndita atracción;

   raudal en cuyas ondas

del genio creatore...

Questa è l'ispirazione!

   Smisurata voce che il caos
ordina nel cervello,
e a far nascere la luce
fra le ombre riesce;

   sfavillante briglia d'oro
che poderosa raffrena
l'alato destriero
della esaltata mente;

   filo di luce che in fasci
lega i pensieri;
sole che infrange le nuvole
e lo zenit raggiunge;

   intelligente mano
che in collana di perle
le indomite parole
a radunare riesce;

   armonioso ritmo
che con scandito tempo
le fuggitive note
in movimenti racchiude;

   cesello che la pietra morde
mentre scolpisce la statua,
e la bellezza plastica
all'ideale aggiunge;

   atmosfera in cui ruotano
con ordine le idee,
come atomi raggruppati
da recondita attrazione;

   corrente impetuosa in cui

su sed la fiebre apaga;
oasis que al espíritu
devuelve su vigor...

¡Tal es nuestra razón!

Con ambas siempre en lucha
y de ambas vencedor,
tan sólo al Genio es dado
a un yugo atar las dos.

la febbre la sua sete spegne;
oasi che allo spirito
ridona il suo vigore;

Questa è la nostra ragione!

   Con entrambe sempre in lotta
e su entrambe vincitore,
soltanto il Genio è capace
di, l'una e l'altra, soggiogare.

IV.

No digáis que agotado su tesoro,
de asuntos falta, enmudeció la lira.
Podrá no haber poetas; pero siempre
      habrá poesía.

Mientras las ondas de la luz al beso
      palpiten encendidas;
mientras el sol las desgarradas nubes
      de fuego y oro vista;

mientras el aire en su regazo lleve
      perfumes y armonías;
mientras haya en el mundo primavera,
      ¡habrá poesía!

Mientras la ciencia a descubrir no alcance
      las fuentes de la vida,
y en el mar o en el cielo haya un abismo
      que al cálculo resista;

mientras la humanidad, siempre avanzando,
      no sepa a dó camina;
mientras haya un misterio para el hombre
      ¡habrá poesía!

Mientras se sienta que se ríe el alma,
      sin que los labios rían;
mientras se llore sin que el llanto acuda
      a nublar la pupila;

mientras el corazón y la cabeza
      batallando prosigan;
mientras haya esperanzas y recuerdos,
      ¡habrá poesía!

Mientras haya unos ojos que reflejen
      los ojos que los miran;
mientras responda el labio suspirando

IV.

Non dite che esaurito il suo tesoro,
per mancanza di idee, ammutolì la musa.
Potranno scomparire i poeti ma sempre
      vi sarà poesia.

Mentre le onde della luce, col bacio
      si sentano palpitare accese;
mentre il sole, le lacerate nuvole
      di fuoco e oro, vesta;

mentre l'aria nel suo grembo porti
      profumi e armonia;
mentre nel mondo ci sia primavera,
      vi sarà poesia!

Mentre la scienza a scoprire non riesca
      le fonti della vita,
e nel mare o nel cielo vi sia un arcano
      che ai calcoli resista;

mentre l'umanità andando sempre avanti,
      non sappia dove cammina;
mentre ci sia un mistero per l'uomo,
      vi sarà poesia!

Mentre si senta la gioia nell'anima
      senza che il labbro rida,
mentre si pianga senza che il pianto arrivi
      a velare la pupilla;

mentre fra il cuore e la testa
      la lotta sia continua;
mentre ci siano speranze e ricordi,
      vi sarà poesia!

Mentre esistano occhi che riflettano
      di altri occhi lo sguardo;
mentre risponda il labbro al sospiro

>   al labio que suspira;
>
> mientras sentirse puedan en un beso
>   dos almas confundidas;
> mientras exista una mujer hermosa,
>   ¡habrá poesía!

di altre labbra sospirando;

mentre possano sentirsi con un bacio
　　　un'anima ad un'altra unita;
mentre esista una bella donna,
　　　vi sarà poesia!

V.

Espíritu sin nombre,
indefinible esencia,
yo vivo con la vida
sin formas de la idea.

Yo nado en el vacío,
del sol tiemblo en la hoguera,
palpito entre las sombras
y floto con las nieblas.

Yo soy el fleco de oro
de la lejana estrella;
yo soy de la alta luna
la luz tibia y serena.

Yo soy la ardiente nube
que en el ocaso ondea;
yo soy del astro errante
la luminosa estela.

Yo soy nieve en las cumbres,
soy fuego en las arenas,
azul onda en los mares,
y espuma en las riberas.

En el laúd soy nota,
perfume en la violeta,
fugaz llama en las tumbas,
y en las ruinas yedra.

Yo canto con la alondra
y zumbo con la abeja,
yo imito los ruidos
que en la alta noche suenan.

Yo atrueno en el torrente,
y silbo en la centella,
y ciego en el relámpago,

V.

    Spirito senza nome,
indefinibile essenza,
io vivo con la vita
senza forma dell'idea.

    Io nuoto nel vuoto,
col fuoco del sole tremo,
palpito fra le ombre
e con le tenebre ondeggio.

    Io sono il lembo d'oro
della lontana stella;
io sono dell'alta luna
luce tiepida e serena.

    Io sono l'ardente nube
che nell'occaso ondeggia;
io sono dell'astro errante
la luminosa scia.

    Io sono neve nelle cime,
sono fuoco nella sabbia,
azzurra onda nei mari
e schiuma nella riviera.

    Nel liuto sono nota,
profumo nella violetta,
fugace fiamma nelle tombe
e nelle rovine edera.

    Io canto con la lodola
e con l'ape ronzo,
io imito i rumori
che a notte fonda risuonano.

    Io tuono assieme al torrente,
e con il fulmine sibilo,
e acceco con il lampo,

y rujo en la tormenta.

   Yo río en los alcores,
susurro en la alta yerba,
suspiro en la onda pura,
y lloro en la hoja seca.

   Yo ondulo con los átomos
del humo que se eleva
y al cielo lento sube
en espiral inmensa.

   Yo en los dorados hilos
que los insectos cuelgan,
me mezco entre los árboles
en la ardorosa siesta.

   Yo corro tras las ninfas
que en la corriente fresca
del cristalino arroyo
desnudas juguetean.

   Yo, en bosques de corales
que alfombran blancas perlas,
persigo en el Océano
las náyades ligeras.

   Yo en las cavernas cóncavas,
do el sol nunca penetra,
mezclándome a los gnomos,
contemplo sus riquezas.

   Yo busco de los siglos
las ya borradas huellas,
y sé de esos imperios
de que ni el nombre queda.

   Yo sigo en raudo vértigo
los mundos que voltean,
y mi pupila abarca
la creación entera.

e con la tempesta ruggisco.

Io rido sulle colline
sussurro sull'alta erba,
sospiro sull'onda pura,
e piango sulla foglia secca.

Io serpeggio con gli atomi
del fumo che si solleva
e al cielo lento sale
in spirale immensa.

Io nella dorata rete
dagli insetti appesa,
mi dondolo fra gli alberi
nell'assolata siesta.

Io rincorro le ninfe
che nella fresca corrente
del limpido ruscello
giocherellano nude.

Io nei boschi di coralli
tappezzati di bianche perle,
inseguo nell'Oceano
le naiadi leggere.

Io nelle concave caverne
dove il sole mai penetra,
mescolandomi agli gnomi,
ammiro la loro ricchezza.

Io cerco dei secoli
le cancellate impronte,
e so di quegl'imperi
di cui non resta il nome.

Io seguo con veloce impeto
il mondo che volteggia,
e la mia pupilla abbraccia
la Creazione intera.

Yo sé de esas regiones
a do un rumor no llega,
y donde informes astros
de vida un soplo esperan.

   Yo soy sobre el abismo
el puente que atraviesa,
yo soy la ignota escala
que el cielo une a la tierra.

   Yo soy el invisible
anillo que sujeta
el mundo de la forma
al mundo de la idea.

   Yo, en fin, soy ese espíritu,
desconocida esencia,
perfume misterioso
de que es vaso el poeta.

Io so di quelle terre
dove non arriva il suono,
e dove informi astri
un soffio di vita aspettano.

   Io sono sull'abisso
il ponte che lo attraversa;
io sono l'ignota scala
che il cielo unisce alla terra.

   Io sono l'invisibile
anello che collega
il mondo della forma
al mondo dell'idea.

   Io, infine, sono quel demone,
sconosciuta essenza,
profumo misterioso,
di cui è vaso il poeta.

VI.

    Como la brisa que la sangre orea
sobre el oscuro campo de batalla,
cargada de perfumes y armonías
en el silencio de la noche vaga;
    símbolo del dolor y la ternura,
del bardo inglés en el horrible drama,
la dulce Ofelia, la razón perdida,
cogiendo flores y cantando pasa.

VI.

    Come la brezza che il sangue arieggia
sullo scuro campo di battaglia,
carica di profumi e armonie
nel silenzio della notte vaga:
    simbolo del dolore e della tenerezza,
del bardo inglese nel tremendo dramma,
la dolce Ofelia, la ragione persa,
cogliendo fiori e cantando passa.

VII.

   Del salón en el ángulo oscuro,
de su dueño tal vez olvidada,
silenciosa y cubierta de polvo
      veíase el arpa.

   ¡Cuánta nota dormía en sus cuerdas,
como el pájaro duerme en las ramas,
esperando la mano de nieve
      que sabe arrancarlas!

   ¡Ay! pensé; ¡cuántas veces el Genio
así duerme en el fondo del alma
y una voz, como Lázaro, espera
      que le diga: «¡Levántate y anda!».

VII.

    Del salotto nell'angolo buio,
dal suo padrone forse dimenticata,
silenziosa e coperta di polvere,
       si vedeva l'arpa.

    Quante note dormivano sulle corde,
come uccelli che dormono sui rami,
sperando la mano di neve
       che sa come strapparle!

    Ahi! – pensai – Quante volte il Genio
così dorme nel fondo dell'anima,
e una voce, come Lazzaro, aspetta
       che gli dica: «Alzati e cammina!».

VIII.

Cuando miro el azul horizonte
    perderse a lo lejos,
al través de una gasa de polvo
    dorado e inquieto,
me parece posible arrancarme
    del mísero suelo,
y flotar con la niebla dorada
    en átomos leves
    cual ella deshecho.

Cuando miro de noche en el fondo
    oscuro del cielo
las estrellas temblar, como ardientes
    pupilas de fuego,
me parece posible a dó brillan
    subir en un vuelo,
y anegarme en su luz, y con ellas
    en lumbre encendido
    fundirme en un beso.

En el mar de la duda en que bogo
    ni aún sé lo que creo;
sin embargo, estas ansias me dicen
    que yo llevo algo
    divino aquí dentro...

VIII.

Quando guardo l'azzurro orizzonte
    perdersi lontano,
attraverso un velo di polvere
    inquieto e dorato,
mi sembra possibile sradicarmi
    dal misero suolo,
e aleggiare con la dorata nebbia
    in atomi lievi,
    come lei, dissolto.

Quando guardo di notte, nel fondo
    scuro del cielo,
tremare le stelle, come ardenti
    pupille di fuoco,
mi sembra possibile, dove brillano,
    salire in un volo,
e annegarmi nella loro luce, e con loro,
    in fiamma acceso,
    fondermi in un bacio.

Nel mare del dubbio in cui navigo,
    non so ancora in che credo;
eppure, queste ansie mi dicono
    che porto qualcosa
    di divino qui dentro!

IX.

    Besa el aura que gime blandamente
las leves ondas que jugando riza;
el sol besa la nube en Occidente
y de púrpura y oro la matiza;
la llama en derredor del tronco ardiente
por besar a otra llama se desliza,
y hasta el sauce inclinándose a su peso
al río que le besa, vuelve un beso.

IX.

    Bacia l'aura, che geme dolcemente,
le lievi onde che giocando increspa;
il sole bacia la nube in Occidente,
e di porpora e oro la colora;
la fiamma che circonda il tronco ardente
per baciare un'altra fiamma scivola.
E persino il salice, chinandosi dal peso,
al fiume che lo bacia, ridona un bacio.

X.

   Los invisibles átomos del aire
en derredor palpitan y se inflaman;
el cielo se deshace en rayos de oro;
la tierra se estremece alborozada.

   Oigo flotando en olas de armonía
rumor de besos y batir de alas;
mis párpados se cierran... ¿qué sucede?
¿Dime...? ¡Silencio!
— ¡Es el amor que pasa!

X.

   Gl'invisibili atomi dell'aria
palpitano e s'infiammano intorno;
la terra sussulta rallegrata;
il cielo si dissolve in raggi d'oro.

   Odo, fluttuando in onde di armonia,
suoni di baci e battere un'ala;
le mie palpebre si chiudono... Che succede?
Dimmi...? Silenzio!
– È l'amore che passa!

XI.

  – Yo soy ardiente, yo soy morena,
yo soy el símbolo de la pasión;
de ansia de goces mi alma está llena.
¿A mí me buscas? No es a ti; no.

  – Mi frente es pálida; mis trenzas, de oro;
puedo brindarte dichas sin fin;
yo de ternuras guardo un tesoro.
¿A mí me llamas? – No; no es a ti.

  – Yo soy un sueño, un imposible,
vano fantasma de niebla y luz;
soy incorpórea, soy intangible;
no puedo amarte. – ¡Oh, ven; ven tú!

XI.

   – Io sono ardente, io sono bruna,
io della passione il simbolo sono;
di brame di piaceri ho l'anima piena.
Mi cercavi? – Non te; no.

   – La mia fronte è pallida; le mie trecce, d'oro;
posso offrirti gioie senza fine;
io di tenerezze conservo un tesoro.
Mi chiamavi? – No; non te.

   – Io sono un sogno, un impossibile,
vano fantasma di nebbia e luce;
sono incorporea, sono intangibile;
non posso amarti. – Oh, vieni; vieni con me!

XII.

    Porque son, niña, tus ojos
verdes como el mar, te quejas;
verdes los tienen las náyades,
verdes los tuvo Minerva,
y verdes son las pupilas
de las hurís del profeta.

    El verde es gala y ornato
del bosque en la primavera;
entre sus siete colores
brillante el iris lo ostenta.
Las esmeraldas son verdes,
verde el color del que espera,
y las ondas del Océano,
y el laurel de los poetas.

    Es tu mejilla temprana
rosa de escarcha cubierta,
en que el carmín de los pétalos
se ve al través de las perlas.
    Y, sin embargo,
    sé que te quejas,
    porque tus ojos
    crees que la afean;
    pues no lo creas,
que parecen sus pupilas,
húmedas, verdes e inquietas,
tempranas hojas de almendro
que al soplo del aire tiemblan.

    Es tu boca de rubíes
purpúrea granada abierta
que en el estío convida
a apagar la sed con ella.
    Y sin embargo,
    sé que te quejas
    porque tus ojos
    crees que la afean;
    pues no lo creas,

XII.

    Poiché sono, ragazza, i tuoi occhi
verdi come il mare, ti duoli;
verdi li hanno le naiadi,
verdi li ebbe Minerva,
e verdi sono le pupille
delle vergini del profeta.

    Il verde è fasto e ornato
del bosco a primavera;
e fra i suoi sette colori,
l'arcobaleno lo mostra.
Gli smeraldi sono verdi,
verde il colore di chi spera,
e le onde dell'Oceano,
e l'alloro del poeta.

    È la tua tenera faccia
rosa di brina coperta,
in cui il carminio dei petali
s'intravvede fra le perle.
    Eppure,
      so che ti duoli,
      perché credi che la guastano
      i tuoi occhi;
      ma non lo credere,
che paiono le tue pupille,
umide, verdi e inquiete,
tenere foglie di mandorlo
che al soffio dell'aria tremano.

    È la tua vermiglia bocca
purpurea melagrana aperta
che nella calura invoglia
a spegnere con lei la sete.
    Eppure,
      so che ti duoli,
      perché credi che la guastano
      i tuoi occhi;
      ma non lo credere,

que parecen, si enojada
tus pupilas centellean,
las olas del mar que rompen
en las cantábricas peñas.

   Es tu frente, que corona
crespo el oro en ancha trenza,
nevada cumbre en que el día
su postrera luz refleja.
      Y sin embargo,
      sé que te quejas
      porque tus ojos
      crees que la afean;
      pues no lo creas,
que entre las rubias pestañas,
junto a las sienes, semejan
broches de esmeralda y oro
que un blanco armiño sujetan.

   Porque son, niña, tus ojos
verdes como el mar, te quejas;
quizá si negros o azules
se tornasen, lo sintieras.

che sembrano, se sdegnata
le tue pupille scintillano,
le onde del mare
che nelle cantabriche rocce si rompono.

   È la tua fronte, che incorona
crespo l'oro in larghe trecce,
innevata cima in cui il giorno
l'ultima luce riflette.
      Eppure,
   so che ti duoli,
   perché credi che la guastano
   i tuoi occhi;
   ma non lo credere,
che fra le bionde ciglia,
accanto alle tempie, sembrano
spille di smeraldo e oro
che un bianco ermellino sorreggono.

   Poiché sono, ragazza, i tuoi occhi
verdi come il mare, ti duoli;
forse se neri o azzurri
diventassero, li rimpiangeresti.

XIII.

Tu pupila es azul, y cuando ríes
su claridad suave me recuerda
el trémulo fulgor de la mañana
    que en el mar se refleja.

Tu pupila es azul, y cuando lloras,
las transparentes lágrimas en ella
se me figuran gotas de rocío
    sobre una violeta.

Tu pupila es azul, y si en su fondo
como un punto de luz radia una idea,
me parece en el cielo de la tarde
    una perdida estrella.

XIII.

    La tua pupilla è azzurra, e quando ridi
mi ricorda il suo chiarore tenue
la tremula luce del mattino
        che nel mare si riflette.

    La tua pupilla è azzurra, e quando piangi
le trasparenti lacrime su di essa
mi rammentano gocce di rugiada
        sopra una violetta.

    La tua pupilla è azzurra, e se nel fondo,
come un punto di luce, s'irraggia un'idea,
mi sembra nel cielo della sera
        una perduta stella.

XIV.

Te vi un punto, y flotando ante mis ojos,
la imagen de tus ojos se quedó,
como la mancha oscura orlada en fuego,
que flota y ciega si se mira al sol.

Adonde quiera que la vista clavo,
torno a ver sus pupilas llamear;
mas no te encuentro a ti, que es tu mirada:
unos ojos, los tuyos, nada más.

De mi alcoba en el ángulo los miro
desasidos, fantásticos lucir:
cuando duermo los siento que se ciernen
de par en par abiertos sobre mí.

Yo sé que hay fuegos fatuos que en la noche
llevan al caminante a perecer:
yo me siento arrastrado por tus ojos,
pero adónde me arrastran, no lo sé.

XIV.

    Ti vidi come un punto – e fluttuando nei miei occhi
l'immagine dei tuoi occhi rimase –
come la macchia scura orlata di fuoco,
che ondeggia e acceca se si guarda il sole.

    Dovunque la vista fisso
le sue pupille fiammeggiare rivedo;
ma non ti trovo, è il tuo sguardo:
certi occhi, i tuoi, nulla d'altro.

    Della mia stanza, nell'angolo, li guardo
splendere distaccati, fantastici;
quando dormo li sento che scrutano
aperti su di me, spalancati.

    Io so che vi sono fuochi fatui che nella notte
portano verso la morte il viandante;
io mi sento trascinato dai tuoi occhi;
ma dove mi trascinano, non saprei.

XV.

   Cendal flotante de leve bruma,
rizada cinta de blanca espuma,
      rumor sonoro
      de arpa de oro,
beso del aura, onda de luz:
      eso eres tú.
   Tú, sombra aérea, que cuantas veces
voy a tocarte, te desvaneces,
como la llama, como el sonido,
como la niebla, como el gemido
      del lago azul.

   En mar sin playas, onda sonante,
en el vacío, cometa errante;
      largo lamento
      del ronco viento,
ansia perpetua de algo mejor,
      eso soy yo.
   ¡Yo, que a tus ojos, en mi agonía,
los ojos vuelvo de noche y día;
yo, que incansable corro y demente
tras una sombra, tras la hija ardiente
      de una visión!

XV.

    Drappo ondeggiante di lieve bruma,
nastro increspato di bianca schiuma,
      rumore sonoro
      dell'arpa d'oro,
bacio dell'alba, onda di luce:
      questo sei tu.
    Tu, ombra aerea, che svanisci
quando provo a toccarti,
come la fiamma, come il suono,
come la nebbia, come il gemito
      del lago blu.

    Nel mare senza riva, onda sonante;
nel vuoto, cometa errante;
      lungo lamento
      del rauco vento,
ansia perpetua di cose migliori,
      sono io questo.
    Io, che nella mia agonia, verso i tuoi occhi
volgo lo sguardo giorno e notte;
io, che instancabile corro demente
dietro un'ombra, dietro la figlia fervente
      di una illusione!

XVI.

    Si al mecer las azules campanillas
        de tu balcón
crees que suspirando pasa el viento
        murmurador,
sabe que, oculto entre las verdes hojas,
        suspiro yo.

    Si al resonar confuso a tus espaldas
        vago rumor,
crees que por tu nombre te ha llamado
        lejana voz,
sabe que, entre las sombras que te cercan,
        te llamo yo.

    Si se turba medroso en la alta noche
        tu corazón
al sentir en tus labios un aliento
        abrasador,
sabe que, aunque invisible, al lado tuyo
        respiro yo.

XVI.

    Se a cullare le azzurre campanule
        del tuo balcone
credi che sospirando passi il vento
        mormoratore,
sappi che, occulto fra le verdi foglie,
        sono io a sospirare.

    Se mentre risuona confuso alle tue spalle
        vago rumore,
credi che per nome ti abbia chiamato
        lontana voce,
sappi che, fra le ombre che ti cercano,
        sono io a chiamare.

    Se a notte fonda si turba timoroso
        il tuo cuore
mentre senti sulle labbra un alito
        ardente,
sappi che, sebbene invisibile, accanto a te
        sono io a respirare.

XVII.

    Hoy la tierra y los cielos me sonríen,
hoy llega al fondo de mi alma el sol,
hoy la he visto..., la he visto y me ha mirado...
    ¡hoy creo en Dios!

XVII.

    Oggi la terra e i cieli mi sorridono;
oggi al fondo del mio cuore il sole è giunto;
oggi l'ho vista..., l'ho vista e mi ha guardato...
    oggi in Dio ho creduto!

XVIII.

    Fatigada del baile,
encendido el color, breve el aliento,
    apoyada en mi brazo,
del salón se detuvo en un extremo.
    Entre la leve gasa
que levantaba el palpitante seno,
    una flor se mecía
en compasado y dulce movimiento.
    Como en cuna de nácar
que empuja el mar y que acaricia el céfiro,
    tal vez allí dormía
al soplo de sus labios entreabiertos.

¡Oh! quién así, pensaba,
dejar pudiera deslizarse el tiempo!
¡Oh, si las flores duermen,
qué dulcísimo sueño!

XVIII.

      Stanca di ballare,
acceso l'incarnato, breve il respiro,
      appoggiata al mio braccio,
del salotto si fermò su un lato.
      Frammezzo il lieve velo,
cui sollevava il palpitante seno,
      un fiore si cullava
con cadenzato e dolce movimento.
      Come in culla di madreperla
che spinge il mare e accarezza lo zeffiro,
      forse colà dormiva
col soffio delle sue semiaperte labbra.

Oh! Chi potesse – pensavo –
lasciare così scorrere il tempo!
Oh, se i fiori dormono,
che dolcissimo sonno!

XIX.

Cuando sobre el pecho inclinas
la melancólica frente,
una azucena tronchada
    me pareces.
Porque al darte la pureza,
de que es símbolo celeste,
como a ella te hizo Dios
    de oro y nieve.

XIX.

    Quando sul petto chini
la malinconica fronte,
un giglio spezzato
        mi sembri.
    Perché dandoti la purezza,
di cui è simbolo celeste,
come essa ti fece Iddio
        d'oro e di neve.

XX.

Sabe, si alguna vez tus labios rojos
quema invisible atmósfera abrasada,
que el alma que hablar puede con los ojos
también puede besar con la mirada.

XX.

    Sappi – se qualche volta le tue rosse labbra
brucia invisibile atmosfera arroventata –
che l'anima che con gli occhi può parlare
anche con lo sguardo può baciare.

XXI.

«¿Qué es poesía?», dices mientras clavas
    en mi pupila tu pupila azul.
«¿Qué es poesía? ¿Y tú me lo preguntas?
    Poesía..., eres tú.»

XXI.

«Cos'è la poesia?», dici mentre fissi
    la mia pupilla con la tua pupilla blu.
«Cos'è la poesia? E tu me lo domandi?
      Poesia..., sei tu!»

XXII.

¿Como vive esa rosa que has prendido
    junto a tu corazón?
Nunca hasta ahora contemplé en la tierra
    sobre el volcán la flor.

XXII.

Come vive quella rosa che hai appuntato
    sul tuo cuore?
Mai prima d'ora contemplai sulla terra
    nel vulcano un fiore.

XXIII.

Por una mirada, un mundo;
por una sonrisa, un cielo;
por un beso..., ¡yo no sé
qué te diera por un beso!

XXIII.

Per uno sguardo, un mondo;
per un sorriso, un cielo;
per un bacio..., io non so
che ti darei per un bacio!

XXIV.

　　Dos rojas lenguas de fuego
que, a un mismo tronco enlazadas
se aproximan, y al besarse
forman una sola llama;

　　dos notas que del laúd
a un tiempo la mano arranca,
y en el espacio se encuentran
y armoniosas se abrazan;

　　dos olas que vienen juntas
a morir sobre una playa,
y que al romper se coronan
con un penacho de plata;

　　dos jirones de vapor
que del lago se levantan,
y al juntarse allá en el cielo
forman una nube blanca;

　　dos ideas que al par brotan,
dos besos que a un tiempo estallan,
dos ecos que se confunden...
eso son nuestras dos almas.

XXIV.

Due rosse lingue di fuoco
che allo stesso tronco avvinte
si avvicinano, e baciandosi
formano una sola fiamma;

due note che dal liuto
a un tempo strappa la mano,
e nello spazio s'incontrano
e armoniose s'abbracciano;

due onde che insieme giungono
per morire sulla spiaggia,
e al rompersi s'incoronano
di un'aureola argentata;

due brandelli di vapore
che dal lago si sollevano,
e all'unirsi là nel cielo
formano una nuvola bianca;

due idee che all'unisono sbocciano,
due baci che a un tempo schioccano;
due echi che si confondono...
tutto ciò sono le nostre due anime.

XXV.

    Cuando en la noche te envuelven
las alas de tul del sueño,
y tus tendidas pestañas
semejan arcos de ébano,
por escuchar los latidos
de tu corazón inquieto
y reclinar tu dormida
cabeza sobre mi pecho,
    diera, alma mía,
    cuanto poseo:
    la luz, el aire
    y el pensamiento!

    Cuando se clavan tus ojos,
en un invisible objeto,
y tus labios ilumina
de una sonrisa el reflejo;
por leer sobre tu frente
el callado pensamiento
que pasa como la nube
del mar sobre el ancho espejo,
    diera, alma mía,
    cuanto deseo:
    la fama, el oro,
    la gloria, el genio!

    Cuando enmudece tu lengua,
y se apresura tu aliento,
y tus mejillas se encienden,
y entornan tus ojos negros;
por ver entre sus pestañas
brillar con húmedo fuego
la ardiente chispa que brota
del volcán de los deseos,
    diera, alma mía,
    por cuanto espero,
    la fe, el espíritu,
    la tierra, el cielo.

XXV.

    Quando nella notte ti avvolgono
le ali di tulle del sonno,
e le tue tese ciglia
sembrano archi di ebano,
per ascoltare i battiti
del tuo cuore inquieto
e reclinare la tua addormentata
testa sul mio petto,
    darei, anima mia,
    quanto possiedo:
    la luce, l'aria
    e il pensiero!

    Quando fissano i tuoi occhi
un invisibile oggetto,
e le tue labbra illumina
di un sorriso il riflesso;
per leggere sulla tua fronte
l'ammutolito pensiero
che passa come la nube
del mare sul largo specchio,
    darei, anima mia,
    quanto anelo:
    la fama, l'oro
    la gloria, il genio!

    Quando tace la tua lingua
e si accendono le tue gote,
e si affretta il tuo respiro,
e socchiudi i tuoi neri occhi;
per vedere fra le tue ciglia
brillare con umido fuoco
l'ardente scintilla che nasce
dal vulcano del desiderio,
    darei, anima mia,
    ciò per cui spero:
    la fede, lo spirito,
    la terra, il cielo!

XXVI.

    Voy contra mi interés al confesarlo;
        pero yo, amada mía,
pienso, cual tú, que una oda es sólo buena
de un billete del Banco al dorso escrita.
No faltará algún necio que al oírlo
        se haga cruces y diga:
«Mujer, al fin, del siglo diecinueve,
material y prosaica...» ¡Bobería!
¡Voces que hacen correr cuatro poetas
que en invierno se embozan con la lira!
¡Ladridos de los perros a la luna!
Tú sabes y yo sé que en esta vida,
con Genio, es muy contado quien la escribe.
Y con oro, cualquiera *hace* poesía.

XXVI.

    Vado contro il mio interesse confessandolo;
        tuttavia, amata mia,
penso, come te, che una ode solo è valida
sul dorso scritta di un biglietto di Banca.
Non mancherà qualche stupido che sentendolo
        si meravigli e dica:
    «Donna, alfine, del diciannovesimo secolo,
materiale e prosaica...». Sciocchezze!
Voci che fanno circolare quattro poetucoli
che in inverno si imbacuccano con la musa!
Latrati dei cani alla luna!
Tu sai e io so che in questa vita,
con ingegno è raro chi la *scrive*,
mentre con l'oro chiunque *fa* della poesia.

XXVII.

    Despierta, tiemblo al mirarte;
dormida, me atrevo a verte;
por eso, alma de mi alma,
yo velo mientras tú duermes.

Despierta ríes y al reír tus labios
    inquietos me parecen
relámpagos de grana que serpean
    sobre un cielo de nieve.
    Dormida, los extremos de tu boca
    pliega sonrisa leve,
suave como el rastro luminoso
    que deja un sol que muere.
    – ¡Duerme!

    Despierta miras y al mirar tus ojos
    húmedos resplandecen
como la onda azul en cuya cresta
    chispeando el sol hiere.
    Al través de tus párpados, dormida,
    tranquilo fulgor vierten,
cual derrama de luz templado rayo,
    lámpara trasparente...
    – ¡Duerme!

    Despierta hablas, y al hablar, vibrantes
    tus palabras parecen
lluvia de perlas que en dorada copa
    se derrama a torrentes.
    Dormida, en el murmullo de tu aliento
    acompasado y tenue,
escucho yo un poema que mi alma
    enamorada entiende...
    – ¡Duerme!

    Sobre el corazón la mano
me he puesto porque no suene
su latido, y de la noche

XXVII.

   Sveglia, tremo al guardarti;
addormentata, oso vederti;
perciò, anima della mia anima,
io veglio mentre tu dormi.

Sveglia ridi, e ridendo, le tue labbra
     inquiete mi sembrano
lampi vermigli che serpeggiano
     su un cielo di neve.
   Addormentata, gli angoli della tua bocca
     piega un sorriso lieve,
soave come la scia luminosa
     che lascia un sole morente.
     – Dormi!

Sveglia guardi, e al guardare, i tuoi occhi
     umidi risplendono
come l'onda azzurra nella cui cresta
     il sole ferisce scintillando.
   Attraverso le tue palpebre, addormentata,
     placido fulgore spandi,
quale versa, di luce un tiepido raggio,
     la lampada trasparente...
     – Dormi!

Sveglia parli, e parlando, vibranti
     le tue parole sembrano
pioggia di perle che, nella dorata coppa,
     si versa come un torrente.
   Addormentata, nel mormorio del tuo respiro
     compassato e tenue,
ascolto io un poema che la mia anima
     innamorata comprende...
     – Dormi!

   Sul mio cuore la mano
ho messo perché non suoni
il suo battito, e della notte

turbe la calma solemne.
   De tu balcón las persianas
cerré ya, porque no entre
el resplandor enojoso
de la aurora y te despierte...
   – ¡Duerme!

turbi la calma solenne.
   Del tuo balcone le persiane
ho già chiuso, perché non entri
il bagliore noioso
dell'aurora e ti svegli...
      – Dormi!

XXVIII.

    Cuando entre la sombra oscura
perdida una voz murmura
turbando su triste calma,
si en el fondo de mi alma
la oigo dulce resonar;
    dime: ¿es que el viento en sus giros
se queja, o que tus suspiros
me hablan de amor al pasar?

    Cuando el sol en mi ventana
rojo brilla a la mañana,
y mi amor tu sombra evoca,
si en mi boca de otra boca
sentir creo la impresión;
    dime: ¿es que ciego deliro
o que un beso en un suspiro
me envía tu corazón?

    Si en el luminoso día
y en la alta noche sombría;
si en todo cuanto rodea
al alma que te desea
te creo sentir y ver;
    dime: ¿es que toco y respiro
soñando, o que en un suspiro
me das tu aliento a beber?

XXVIII.

Quando tra la scura ombra
perduta una voce mormora
turbando la sua triste calma,
se nel fondo della mia anima
la sento dolce risuonare,
    dimmi: – È il vento che nei suoi giri
si lamenta, o sono i tuoi sospiri
che, quando passi, mi parlano d'amore?

Quando nella mia finestra il sole
al mattino rosseggiante splende,
e il mio amore evoca la tua ombra,
se nella mia bocca di un'altra bocca
sentir credo l'impressione,
    dimmi: – Sono io che, cieco, deliro
o è un bacio che in un sospiro
mi invia il tuo cuore?

Se nel giorno luminoso
e nella fonda notte ombrosa;
se in tutto quanto circonda
l'anima che ti agogna,
credo sentirti e vedere,
    dimmi: – Sono io che tocco e respiro
sognando, o sei tu che in un sospiro
mi dai il tuo alito da bere?

XXIX.

La bocca mi baciò tutto tremante.

Sobre la falda tenía
el libro abierto;
en mi mejilla tocaban
sus rizos negros;
no veíamos las letras
ninguno, creo;
mas guardábamos entrambos
hondo silencio.

¿Cuánto duró? Ni aun entonces
pude saberlo;
sólo sé que no se oía
más que el aliento,
que apresurado escapaba
del labio seco.

Sólo sé que nos volvimos
los dos a un tiempo,
y nuestros ojos se hallaron,
y sonó un beso.
...
...

Creación de Dante era el libro,
era su *Infierno*.
Cuando a él bajamos los ojos,
yo dije trémulo:
– ¿Comprendes ya que un poema
cabe en un verso?
Y ella respondió encendida:
¡Ya lo comprendo!

XXIX.

La bocca mi baciò tutto tremante.

Sulla gonna aveva
  il libro aperto;
la mia guancia sfioravano
  i suoi ricci neri;
non vedevamo le scritte
  nessuno dei due, credo;
ma eravamo entrambi
  in profondo silenzio.

Quanto durò? Nemmeno allora
  arrivai a saperlo;
so soltanto che non si sentiva
  se non il respiro
che affrettato fuggiva
  dal labbro secco.

So soltanto che ci girammo
  tutti e due a un tempo,
e i nostri occhi s'incontrarono,
  e si udì un bacio.
...
...

Creazione di Dante era il libro,
  era il suo *Inferno*.
Quando su di esso abbassammo gli occhi,
  io dissi tremulo:
– Capisci ora che un poema
  entra tutto in un verso?
E lei rispose, accesa:
  Ora lo comprendo!

XXX.

Asomaba a sus ojos una lágrima
y a mi labio una frase de perdón;
habló el orgullo y se enjugó su llanto,
y la frase en mis labios expiró.

Yo voy por un camino, ella por otro;
pero al pensar en nuestro mutuo amor,
yo digo aún: «¿Por qué callé aquel día?».
Y ella dirá: «¿Por qué no lloré yo?».

XXX.

Si affacciava ai suoi occhi una lacrima
e al mio labbro una frase di perdono;
parlò l'orgoglio e si asciugò il suo pianto,
e la frase si spense nelle mie labbra.

Io vado per una strada, lei per un'altra;
ma pensando al nostro mutuo amore,
io dico ancora: «Perché tacqui quel giorno?».
E lei dirà: «Io, perché non piansi?».

XXXI.

    Nuestra pasión fue un trágico sainete,
        en cuya absurda fábula
lo cómico y lo grave confundidos
        risas y llanto arrancan.
Pero fue lo peor de aquella historia
        que al fin de la jornada
a ella tocaron lágrimas y risas,
        y a mí sólo las lágrimas.

XXXI.

    La nostra passione fu una tragica farsa
       nella cui assurda trama
il comico e il serio mescolati
       strappano risa e pianti.
    Ma il peggio fu di quella storia
       che alla fine delle giornate
a lei toccarono lacrime e risa,
       e a me soltanto lacrime.

XXXII.

    Pasaba arrolladora en su hermosura
      y el paso le dejé;
ni aun a mirarla me volví, y, no obstante
algo a mi oído murmuró: «*Ésa es*».

    ¿Quién reunió la tarde a la mañana?
      Lo ignoro: sólo sé
que en una breve noche de verano
se unieron los crepúsculos y... *fue*.

XXXII.

    Passava travolgente nella sua bellezza
      e il passo le lasciai;
nemmeno a guardarla mi voltai, e, tuttavia
qualcosa al mio orecchio mormorò: «*È lei*».

    Chi congiunse la sera alla mattina?
      Lo ignoro; soltanto so
che in una breve notte d'estate
si unirono i crepuscoli e... *fu*.

XXXIII.

   Es cuestión de palabras, y, no obstante,
     ni tú ni yo jamás
después de lo pasado convendremos
     en quién la culpa está.

   ¡Lástima que el Amor un diccionario
     no tenga dónde hallar
cuándo el orgullo es simplemente orgullo
     y cuándo es dignidad!

XXXIII.

  È questione di parole, eppure,
    né tu né io giammai,
dopo quel che è accaduto, converremo
    di chi la colpa sia.

  Peccato che l'amore un dizionario
    non abbia dove trovare
quando l'orgoglio è semplicemente orgoglio
    e quando è dignità!

XXXIV.

    Cruza callada, y son sus movimientos
        silenciosa armonía;
suenan sus pasos, y al sonar recuerdan
del himno alado la cadencia rítmica.

    Los ojos entreabre, aquellos ojos
        tan claros como el día,
y la tierra y el cielo, cuanto abarcan,
arden con nueva luz en sus pupilas.

    Ríe, y su carcajada tiene notas
        del agua fugitiva;
llora, y es cada lágrima un poema
        de ternura infinita.

    Ella tiene la luz, tiene el perfume,
        el color y la línea,
la forma, engendradora de deseos,
la expresión, fuente eterna de poesía.

    ¿Qué es estúpida?... ¡bah!, mientras callando
        guarde oscuro el enigma,
siempre valdrá lo que yo creo que calla
más que lo que cualquiera otra me diga.

XXXIV.

    Passa silente, e sono i suoi movimenti
        silenziosa armonia;
risuonano i suoi passi e il suono rammenta
dell'inno alato la cadenza ritmica.

    Gli occhi socchiude, quegli occhi
        così chiari come la mattina,
e la terra e il cielo, quanto abbracciano,
ardono con nuova luce nella pupilla.

    Ride, e la sua risata ha suoni
        dell'acqua fuggitiva;
piange, e ogni lacrima è un poema
        di tenerezza infinita.

    Lei ha la luce, ha il profumo,
        il colore e la linea,
la forma, generatrice di desideri,
l'espressione, fonte eterna di poesia.

    Che è sciocca?... Macché! Mentre, tacendo,
        mantenga oscuro l'enigma,
sempre varrà quel che credo che lei taccia
più di quel che chiunque altra mi dica.

XXXV.

¡No me admiró tu olvido! Aunque de un día
 me admiró tu cariño.mucho más;
porque lo que hay en mí que vale algo,
 eso... ¡ni lo pudiste sospechar!

XXXV.

Non mi stupì il tuo oblio! Bensì un giorno
  mi stupì molto di più il tuo amore;
perché quel che c'è in me che vale qualcosa,
  quello... non lo hai potuto sospettare!

XXXVI.

    Si de nuestros agravios en un libro
        se escribiese la historia,
y se borrase en nuestras almas cuanto
        se borrase en sus hojas;
te quiero tanto aún, dejó en mi pecho
        tu amor huellas tan hondas,
que sólo con que tú borrases una,
        ¡las borraba yo todas!

XXXVI.

  Se dei nostri torti in un libro
     si scrivesse la storia,
e si cancellasse dalle nostre anime quanto
     si cancellasse nelle sue pagine;
– ti voglio tanto bene ancora, lasciò nel mio petto
     il tuo amore impronte così profonde –
che se solo tu ne cancellassi una,
     io le cancellerei tutte!

XXXVII.

   Antes que tú me moriré; escondido
      en las entrañas ya
el hierro llevo con que abrió tu mano
      la ancha herida mortal.
   Antes que tú me moriré; y mi espíritu
      en su empeño tenaz,
sentándose a las puertas de la muerte,
      allí te esperará.
   Con las horas los días, con los días
      los años volarán,
y a aquella puerta llamarás al cabo...
      ¿Quién deja de llamar?

   Entonces que tu culpa y tus despojos
      la tierra guardará,
lavándote en las ondas de la muerte
      como en otro Jordán.
   Allí donde el murmullo de la vida
      temblando a morir va
como la ola que a la playa viene
      silenciosa a expirar;
   allí donde el sepulcro que se cierra
      abre una eternidad...
¡Todo cuanto los dos hemos callado
      lo tenemos que hablar!

XXXVII.

    Prima di te morirò; già nascosta
        nel più intimo dell'anima
la lama porto con cui aprì la tua mano
        la ferita mortale e larga.
    Prima di te morirò; e il mio spirito,
        nel suo zelo tenace,
si siederà alle porte della morte
        per aspettarti.
  Con le ore i giorni, con i giorni
        voleranno gli anni,
e a quella porta chiamerai infine...
        Chi smette mai di chiamare?

    Allora, quando la tua colpa e i tuoi resti
        le viscere della terra accoglieranno,
lavandoti nelle onde della morte
        come in un altro Giordano;
        là, dove il fremito della vita
        tremando va a morire,
come l'onda che sulla spiaggia viene
        silenziosa a spirare;
    là, dove il sepolcro che si chiude
        apre una eternità...
Di tutto quel che noi due abbiamo taciuto
        ne dobbiamo parlare là!

XXXVIII.

Los suspiros son aire y van al aire.
Las lágrimas son agua y van al mar.
Dime, mujer: cuando el amor se olvida,
    ¿sabes tú adónde va?

XXXVIII.

I sospiri sono aria e vanno nell'aria.
Le lacrime sono acqua e nel mare vanno.
Dimmi, donna: quando gli amori si scordano,
    sai tu dove vanno?

XXXIX.

 ¿A qué me lo decís? Lo sé: es mudable,
es altanera y vana y caprichosa;
antes que el sentimiento de su alma,
brotará el agua de la estéril roca.
 Sé que en su corazón, nido de sierpes,
no hay una fibra que al amor responda;
que es una estatua inanimada; pero...
   ¡Es tan hermosa!

XXXIX.

    Che me lo dite a fare? Lo so: è mutevole,
è altezzosa e vana e capricciosa;
prima che il sentimento nella sua anima
sorgerà l'acqua dalla sterile roccia.
    So che nel suo cuore, nido di serpi,
non c'è una fibra che all'amore risponda;
che è una statua inanimata...; ma...
        È tanto bella!

XL.

    Su mano entre mis manos,
sus ojos en mis ojos,
la amorosa cabeza
apoyada en mi hombro,
¡Dios sabe cuántas veces,
con paso perezoso,
hemos vagado juntos
bajo los altos olmos
que de su casa prestan
misterio y sombra al pórtico!
Y ayer..., un año apenas
pasado como un soplo,
con qué exquisita gracia,
con qué admirable aplomo,
me dijo, al presentarnos
un amigo oficioso:
– Creo que en alguna parte
he visto a usted –. ¡Ah!, bobos
que sois de los salones
comadres de buen tono,
y andáis por allí a caza
de galantes embrollos:
¡Qué historia habéis perdido!
¡Qué manjar tan sabroso
para ser devorado
sotto voce en un corro,
detrás del abanico
de plumas y de oro!

...

    ¡Discreta y casta luna,
copudos y altos olmos,
paredes de su casa,
umbrales de su pórtico,
callad, y que el secreto
no salga de vosotros!
Callad; que por mi parte
yo lo he olvidado todo;
y ella... ella... ¡no hay máscara
semejante a su rostro!

XL.

La sua mano fra le mie mani,
i suoi occhi nei miei occhi,
l'amorevole testa
sulla mia spalla adagiata,
Dio sa quante volte,
con indolenti passi,
abbiamo vagato insieme
sotto gli olmi alti
che, della sua casa, prestano
al portico ombra e misteri!
E ieri..., un anno appena
trascorso come un soffio,
con quale squisita grazia,
con quale ammirabile sussiego,
mi disse, mentre ci presentava
un amico premuroso:
– Credo che da qualche parte
vi ho già incontrato –. Ah! sciocchi,
che siete dei salotti
comari di buon tono
e vi aggirate a caccia
di galanti imbrogli:
Quale storia vi siete persi!
Che saporito boccone
per essere divorato,
in un crocchio, *sotto voce*,
dietro il ventaglio
di piume e d'oro!

...

Discreta e casta luna,
alti e frondosi olmi,
pareti della sua casa,
uscio dei suoi portici,
tacete, e che il segreto
da voi non esca!
Tacete, che da parte mia
ho già dimenticato tutto;
e lei... lei... non c'è maschera
come il suo volto!

XLI.

    Tú eras el huracán y yo la alta
torre que desafía su poder:
¡tenías que estrellarte o que abatirme!...
      ¡No pudo ser!

    Tú eras el Océano y yo la enhiesta
roca que firme aguarda su vaivén:
¡tenías que romperte o que arrancarme!...
      ¡No pudo ser!

    Hermosa tú, yo altivo; acostumbrados
uno a arrollar, el otro a no ceder;
la senda estrecha, inevitable el choque...
      ¡No pudo ser!

XLI.

Tu eri l'uragano e io l'alta
torre che sfida il suo potere:
dovevi schiantarti o abbattermi...
    Non è potuto essere!

Tu eri l'Oceano e io la eretta
roccia che salda attende il suo ondeggiare:
dovevi rinfrangerti o sradicarmi!...
    Non è potuto essere!

Bella tu, io altero; abituati
l'una a travolgere, l'altro a non cedere;
il sentiero stretto, inevitabile lo scontro...
    Non è potuto essere!

XLII.

    Cuando me lo contaron sentí el frío
de una hoja de acero en las entrañas;
me apoyé contra el muro, y un instante
la conciencia perdí de donde estaba.

    Cayó sobre mi espíritu la noche;
en ira y en piedad se anegó el alma...
¡Y entonces comprendí por qué se llora,
y entonces comprendí por qué se mata!

    Pasó la nube de dolor... Con pena
logré balbucear unas palabras...
¿Quién me dio la noticia? Un fiel amigo...
¡Me hacía un gran favor!... Le di las gracias.

XLII.

    Quando me lo raccontarono sentii il freddo
di una lama di acciaio nel mio corpo;
mi appoggiai al muro, e per un attimo
la cognizione persi di dove ero.

    Cadde sul mio spirito la notte;
nell'ira e nella pietà annegò l'anima...
E allora capii perché si piange,
e allora capii perché si ammazza!

    Passò la nube di dolore... Con pena
riuscii a balbettare brevi parole...
Chi mi diede la notizia?... Un fedele amico...
Lo ringraziai. Mi faceva un gran favore!...

XLIII.

   Dejé la luz a un lado, y en el borde
de la revuelta cama me senté,
mudo, sombrío, la pupila inmóvil
      clavada en la pared.

   ¿Qué tiempo estuve así? No sé; al dejarme
la embriaguez horrible del dolor,
expiraba la luz y en mis balcones
      reía el sol.

   Ni sé tampoco en tan terribles horas
en qué pensaba o qué pasó por mí;
sólo recuerdo que lloré y maldije,
y que en aquella noche envejecí.

XLIII.

    Lasciai perdere la luce, e sul bordo
del disfatto letto mi sedetti,
muto, cupo, la pupilla immobile
    fissa sulle pareti.

    Quanto tempo sono stato così? Non so; abbandonandomi
l'ebbrezza orribile del dolore,
la luce spirava e nei miei balconi
    rideva il sole.

    Non so nemmeno in così terribili ore
quel che accadde in me o quel che pensai;
solo ricordo che piansi maledendo
e che quella notte invecchiai.

XLIV.

   Como en un libro abierto
leo de tus pupilas en el fondo;
     ¿a qué fingir el labio
risas que se desmienten con los ojos?

   ¡Llora! No te avergüences
de confesar que me quisiste un poco.
¡Llora! Nadie nos mira.
Ya ves; yo soy un hombre..., ¡y también lloro!

XLIV.

   Come in un libro aperto
leggo delle tue pupille nel fondo;
     perché fingere con il labbro
sorrisi che gli occhi smentiscono?

   Piangi! Non vergognarti
di confessare che un po' mi hai amato.
Piangi! Nessuno ci guarda.
Lo vedi: io sono un uomo..., eppure piango!

XLV.

En la clave del arco mal seguro,
cuyas piedras el tiempo enrojeció,
obra de cincel rudo, campeaba
    el gótico blasón.

Penacho de su yelmo de granito,
la yedra que colgaba en derredor
daba sombra al escudo, en que una mano
    tenía un corazón.

A contemplarlo en la desierta plaza
    nos paramos los dos,
y ése, me dijo, es el cabal emblema
    de mi constante amor.

¡Ay!, es verdad lo que me dijo entonces:
    verdad que el corazón
lo llevará en la mano... en cualquier parte,
    pero en el pecho, no.

XLV.

Sulla chiave dell'arco poco sicuro,
le cui pietre il tempo ha arrugginito,
opera del rozzo scalpello, troneggiava
    il gotico scudo.

Pennacchio del suo elmo di granito,
l'edera che tutt'attorno pendeva
dava ombra allo stemma, in cui una mano
    un cuore aveva.

A contemplarlo nella deserta piazza
    entrambi c'eravamo fermati,
e quello – mi disse – è il giusto emblema
    del mio amore costante.

Ahi! è vero quel che mi disse allora:
    vero che il cuore
lo porterà in mano... da qualche parte,
    ma non nel petto.

XLVI.

    Me ha herido recatándose en las sombras,
        sellando con un beso su traición.
Los brazos me echó al cuello, y por la espalda
        partióme a sangre fría el corazón.

    Y ella prosigue alegre su camino,
feliz, risueña, impávida, ¿y por qué?
Porque no brota sangre de la herida...
        ¡porque el muerto está en pie!

XLVI.

    Mi ha ferito occultandosi nelle ombre,
        suggellando con un bacio il suo tradimento.
Le braccia mi buttò al collo, e alle spalle
        mi spezzò il cuore a sangue freddo.

    E lei prosegue allegra il suo cammino,
felice ridente impavida; e perché?
Perché non esce sangue dalla ferita...
        Perché il morto è in piedi!

XLVII.

    Yo me he asomado a las profundas simas
        de la tierra y del cielo,
y les he visto el fin o con los ojos
        o con el pensamiento.

    Mas ¡ay! de un corazón llegué al abismo
        y me incliné un momento,
y mi alma y mis ojos se turbaron:
        ¡Tan hondo era y tan negro!

XLVII.

   Io mi sono affacciato ai profondi baratri
      della terra e del cielo,
e ne ho visto la fine o con gli occhi
      o con il pensiero.

   Ma ahi!, di un cuore giunsi all'abisso
      e mi chinai per vederlo,
e la mia anima e i miei occhi si turbarono:
      tanto profondo era e tanto nero!

XLVIII.

   Como se arranca el hierro de una herida
su amor de las entrañas me arranqué,
aunque sentí al hacerlo que la vida
      me arrancaba con él.

   Del altar que le alcé en el alma mía
la voluntad su imagen arrojó,
y la luz de la fe que en ella ardía
      ante el ara desierta se apagó.

   Aun para combatir mi firme empeño
viene a mi mente su visión tenaz...
¡Cuándo podré dormir con ese sueño
      en que acaba el soñar!

XLVIII.

    Come si leva il coltello da una ferita,
il suo amore dalle viscere mi strappai,
benché sentii facendolo che la vita
      con esso mi strappavo.

    Dall'altare che le innalzai nella mia anima
la volontà scacciò la sua immagine,
e la luce della fede che in essa ardeva
      sull'ara deserta si spense.

    Tuttora, per combattere il mio fermo proposito,
mi ritorna in mente la sua visione tenace...
Quando potrò dormire con quel sonno
      con cui finisce il sognare!

XLIX.

  Alguna vez la encuentro por el mundo
     y pasa junto a mí;
y pasa sonriéndose, y yo digo:
     ¿Cómo puede reír?

  Luego asoma a mi labio otra sonrisa,
     máscara del dolor,
y entonces pienso: – ¡Acaso ella se ríe
     como me río yo!

XLIX.

    Qualche volta l'incontro per il mondo,
        e a me passa vicino;
e passa sorridendo e io dico:
        Come ridere può?

    Poi affiora al mio labbro un altro sorriso,
        maschera di dolore,
e allora penso: – Forse lei ride
        come rido io!

L.

    Lo que el salvaje que con torpe mano
hace de un tronco a su capricho un dios,
y luego ante su obra se arrodilla,
    eso hicimos tú y yo.

    Dimos formas reales a un fantasma,
de la mente ridícula invención,
y hecho el ídolo ya, sacrificamos
    en su altar nuestro amor.

L.

   Come il selvaggio che, con mano maldestra,
fa di un tronco un dio a suo capriccio,
e poi davanti alla sua opera s'inginocchia,
   così abbiamo fatto tu ed io.

   Demmo forme reali a un fantasma,
della mente ridicola invenzione,
e fatto già l'idolo, sacrificammo
   nel suo altare il nostro amore.

LI.

    De lo poco de vida que me resta,
diera con gusto los mejores años
        por saber lo que a otros
de mí has hablado.
    Y esta vida mortal..., y de la eterna
lo que me toque, si me toca algo,
        por saber lo que a solas
de mí has pensado.

LI.

    Della poca vita che mi resta,
i migliori anni con gusto darei
      per sapere quel che ad altri
hai detto di me.
    E questa vita mortale..., e dell'eterna
quel che mi aspetta, se mi aspetta alcunché,
      per sapere quel che da sola
hai pensato di me.

LII.

    Olas gigantes que os rompéis bramando
en las playas desiertas y remotas,
envuelto entre la sábana de espumas,
        ¡llevadme con vosotras!

    Ráfagas de huracán, que arrebatáis
del alto bosque las marchitas hojas,
arrastrando en el ciego torbellino,
        ¡llevadme con vosotras!

    Nubes de tempestad que rompe el rayo
y en fuego ornáis las desprendidas orlas,
arrebatado entre la niebla oscura,
        ¡llevadme con vosotras!

    Llevadme, por piedad, adonde el vértigo
con la razón me arranque la memoria...
¡Por piedad!... ¡Tengo miedo de quedarme
        con mi dolor a solas!

LII.

    Onde giganti che vi infrangete bramendo
sulle deserte e remote spiagge,
avvolto nel lenzuolo della schiuma,
        con voi portatemi!

    Raffiche d'uragano che strappate
dall'alto bosco le foglie morte,
travolto dal cieco vortice,
        con voi portatemi!

    Nuvole di tempesta che rompe il fulmine
e col fuoco ornate i filamenti staccati,
carpito fra la nebbia scura,
        con voi portatemi!

    Portatemi, per pietà, là dove lo stordimento
mi sradichi la memoria con la ragione...
Per pietà!... Ho paura di restare
        da solo col mio dolore!

LIII.

    Volverán las oscuras golondrinas
en tu balcón sus nidos a colgar,
y otra vez con el ala a sus cristales
        jugando llamarán;
pero aquellas que el vuelo refrenaban,
tu hermosura y mi dicha al contemplar;
aquellas que aprendieron nuestros nombres,
        ésas... ¡no volverán!

    Volverán las tupidas madreselvas
de tu jardín las tapias a escalar,
y otra vez a la tarde, aún más hermosas,
        sus flores se abrirán;
pero aquellas cuajadas de rocío,
cuyas gotas mirábamos temblar
y caer, como lágrimas del día...,
        ésas... ¡no volverán!

    Volverán del amor en tus oídos
las palabras ardientes a sonar;
tu corazón, de su profundo sueño
        tal vez despertará;
pero mudo y absorto y de rodillas,
como se adora a Dios ante su altar,
como yo te he querido..., desengáñate:
        ¡así no te querrán!

LIII.

    Torneranno le scure rondini
e nel tuo balcone i nidi appenderanno,
e un'altra volta con l'ala sui vetri
      per gioco chiameranno;
ma quelle che il volo raffrenavano,
e la tua bellezza e la mia gioia contemplavano;
quelle che impararono i nostri nomi,
      quelle... non torneranno!

    Torneranno le folte madreselve
e del tuo giardino le mura scaleranno,
e ancora una volta di sera, sempre più belli,
      i loro fiori si apriranno;
ma quelle tempestate di rugiada,
le cui gocce guardavamo mentre tremavano
e cadevano come lacrime del giorno...,
      quelle... non torneranno!

    Torneranno dell'amore nelle tue orecchie
le parole ardenti a risuonare;
il tuo cuore dal suo profondo sonno
      si potrà forse risvegliare;
ma muto e assorto e inginocchiato,
come si adora Dio sull'altare,
come io ti ho amato..., disingannati:
      così, nessuno ti potrà amare!

LIV.

    Cuando volvemos las fugaces horas
        del pasado a evocar,
temblando brilla en tus pestañas negras
una lágrima pronta a resbalar.
    Y al fin resbala, y cae como una gota
        de rocío, al pensar
que, cual hoy por ayer, por hoy mañana,
volveremos los dos a suspirar.

LIV.

    Quando torniamo, le fugaci ore
        del passato, ad evocare,
tremula brilla nelle tue ciglia nere
una lacrima pronta a scivolare.
    E infine scivola e cade come una goccia
        di rugiada, al pensare
che, come oggi per ieri, per oggi domani,
noi due torneremo a sospirare.

LV.

    Entre el discorde estruendo de la orgía
        acarició mi oído,
como nota de música lejana,
        el eco de un suspiro.
    El eco de un suspiro que conozco,
formado de un aliento que he bebido,
perfume de una flor que oculta crece
        en un claustro sombrío.

    Mi adorada de un día, cariñosa,
– ¿En qué piensas? – me dijo.
– En nada... – ¿En nada y lloras? – Es que tengo
alegre la tristeza y triste el vino.

LV.

    Fra il dissonante frastuono dell'orgia
        accarezzò il mio udito,
come nota di musica lontana,
        l'eco di un sospiro.
L'eco di un sospiro che conosco,
formato da un alito che ho bevuto,
profumo di un fiore che nascosto cresce
        in un ombroso chiostro.

    La mia adorata di un giorno, affettuosa,
    – Che pensi? – mi disse.
– Niente... – Niente e piangi? – È che ho
allegra la tristezza e il vino triste.

LVI.

    Hoy como ayer, mañana como hoy,
        ¡y siempre igual!
un cielo gris, un horizonte eterno,
        ¡y andar... andar!

    Moviéndose a compás, como una estúpida
        máquina, el corazón;
la torpe inteligencia del cerebro
        dormida en un rincón.

    El alma, que ambiciona un paraíso,
        buscándolo sin fe;
fatiga sin objeto, ola que rueda
        ignorando por qué.

    Voz que incesante con el mismo tono
        canta el mismo cantar,
gota de agua monótona que cae,
        y cae sin cesar.

    Así van deslizándose los días
        unos de otros en pos,
hoy lo mismo que ayer, probablemente
        mañana como hoy.

    ¡Ay! a veces me acuerdo suspirando
        del antiguo sufrir...
Amargo es el dolor; pero siquiera
        ¡padecer es vivir!

LVI.

    Oggi come ieri, domani come oggi,
        e sempre uguale!
Un cielo grigio, un orizzonte eterno,
        e camminare... camminare!

    Movendosi a tempo, come una stupida
        macchina, il cuore;
la goffa intelligenza del cervello
        addormentata in un cantone.

    L'anima, che ambisce un paradiso,
        senza fede cercandolo;
fatica senza senso, onda che gira
        il motivo ignorando.

    Voce che incessante, con lo stesso tono,
        canta una canzone stessa,
goccia d'acqua monotona che cade
        e cade e non cessa.

    Così vanno scorrendo i giorni,
        gli uni degli altri dietro,
oggi come ieri..., e tutti loro
        senza dolore né godimento.

    Ahi! a volte mi ricordo sospirando
        dell'antico soffrire...
Amaro è il dolore; ma almeno
        è vita il patire!

LVII.

    Este armazón de huesos y pellejo,
de pasear una cabeza loca
cansado se halla al fin, y no lo extraño;
porque aunque es la verdad que no soy viejo,
de la parte de vida que me toca
en la vida del mundo, por mi daño
he hecho un uso tal, que juraría
que he condensado un siglo en cada día.

    Así, aunque ahora muriera
no podría decir que no he vivido;
que el sayo, al parecer nuevo por fuera,
conozco que por dentro ha envejecido.

    Ha envejecido, sí; ¡pese a mi estrella!
harto lo dice ya mi afán doliente;
que hay dolor que, al pasar, su horrible huella
graba en el corazón, si no en la frente.

LVII.

    Questa carcassa di ossa e di pellaccia,
di passeggiare una sventata testa
stanca si trova infine, e non mi sembra strano;
poiché, sebbene sia vero che non sono vecchio,
della parte di vita che mi aspetta
nella vita del mondo, per mio danno
ne ho fatto un uso tale, che giurerei
di aver condensato un secolo in ogni giorno.

    Così, se ora morissi
non potrei dire che non ho vissuto;
poiché il saio, sembrando nuovo di fuori,
riconosco che dentro è invecchiato.

    È invecchiato, sì; malgrado la mia stella!
assai lo dice già la mia ansia dolente;
che c'è un dolore che, giungendo, la sua orrida impronta
incide nel cuore e anche sulla fronte.

LVIII.

¿Quieres que de ese néctar delicioso
 no te amargue la hez?
Pues aspíralo, acércalo a tus labios
 y déjalo después.

¿Quieres que conservemos una dulce
 memoria de este amor?
Pues amémonos hoy mucho, y mañana
 digámonos ¡adiós!

LVIII.

Vuoi che di quel nettare delizioso
   non ti amareggi il fondo?
Allora aspiralo, avvicinalo alle tue labbra
   e poi lascialo.

Vuoi che conserviamo una dolce
   memoria di questo amore tuo e mio?
Allora amiamoci oggi molto, e domani
   diciamoci addio!

LIX.

    Yo sé cuál el objeto
de tus suspiros es;
yo conozco la causa de tu dulce
secreta languidez.
    ¿Te ríes...? Algún día
sabrás, niña, por qué:
tú acaso lo sospechas,
    y yo lo sé.

    Yo sé cuándo tú sueñas,
y lo que en sueños ves;
como en un libro puedo lo que callas
en tu frente leer.
    ¿Te ríes...? Algún día
sabrás, niña, por qué:
tú acaso lo sospechas,
    y yo lo sé.

    Yo sé por qué sonríes
y lloras a la vez;
yo penetro en los senos misteriosos
de tu alma de mujer.
    ¿Te ríes...? Algún día
sabrás, niña, por qué:
mientras tú sientes mucho y nada sabes,
yo, que non siento ya, todo lo sé.

LIX.

 Io so quale l'oggetto
è dei tuoi sospiri;
io conosco la causa del tuo dolce
segreto languire.
  Ridi...? Un giorno
il motivo, fanciulla, ti dirò:
tu forse lo sospetti,
  ma io lo so.

 Io so quando tu sogni,
e quel che in sogno vedi;
come in un libro posso, quel che taci,
nella tua fronte leggere.
  Ridi...? Un giorno
il motivo, fanciulla, ti dirò:
tu forse lo sospetti,
  ma io lo so.

 Io so perché sorridi
e piangi in una volta;
io penetro nelle cavità misteriose
della tua anima di donna.
  Ridi...? Un giorno
il motivo, fanciulla, ti dirò:
mentre tu senti molto e niente sai,
io, che già non sento, tutto so.

LX.

Mi vida es un erial:
flor que toco se deshoja;
que en mi camino fatal
alguien va sembrando el mal
para que yo lo recoja.

LX.

La mia vita è una brughiera:
fiore che tocco si sfoglia;
ché nel mio cammino fatale,
qualcuno va seminando il male
affinché io lo raccolga.

LXI.

    Al ver mis horas de fiebre
e insomnio lentas pasar,
a la orilla de mi lecho,
      ¿quién se sentará?

    Cuando la trémula mano
tienda, próximo a expirar,
buscando una mano amiga,
      ¿quién la estrechará?

    Cuando la muerte vidríe
de mis ojos el cristal,
mis párpados aún abiertos,
      ¿quién los cerrará?

    Cuando la campana suene
(si suena en mi funeral),
una oración al oírla,
      ¿quién murmurará?

    Cuando mis pálidos restos
oprima la tierra ya,
sobre la olvidada fosa,
      ¿quién vendrá a llorar?

    ¿Quién, en fin, al otro día,
cuando el sol vuelva a brillar,
de que pasé por el mundo,
      quién se acordará?

LXI.

Per vedere le mie ore di febbre
e insonnia lente passare,
sul bordo del mio letto,
    chi vorrà stare?

Quando la tremula mano
allungherò, prossimo a morire,
cercando una mano amica,
    chi la vorrà stringere?

Quando la morte appannerà
il cristallo dei miei occhi,
le mie palpebre ancora aperte,
    chi le vorrà chiudere?

Quando la campana suonerà
(se rintoccherà al mio funerale)
una preghiera, sentendola,
    chi vorrà sussurrare?

Quando i miei pallidi resti
già la terra farà schiacciare,
sulla dimenticata fossa,
    chi verrà a piangere?

Chi, infine, il giorno dopo,
quando il sole ritornerà a brillare,
del mio passaggio per il mondo,
    chi si vorrà ricordare?

LXII.

Primero es un albor trémulo y vago
raya de inquieta luz que corta el mar;
luego chispea, crece y se dilata
en ardiente explosión de claridad.

La brilladora lumbre es la alegría;
la temorosa sombra es el pesar;
¡Ay en la oscura noche de mi alma
    ¿cuándo amanecerá?

LXII.

　Per primo è un albore tremulo e un vago
raggio di luce che taglia il mare;
poi scintilla e cresce e si dilata
in ardente esplosione di chiarore.

　La splendente luce è l'allegria;
la tenebrosa ombra è il dolore;
Ahi! nell'oscura notte della mia anima,
　　quando comincerà ad albeggiare?

LXIII.

    Como enjambre de las abejas irritadas,
de un oscuro rincón de la memoria
salen a perseguirme los recuerdos
      de las pasadas horas.
    Yo los quiero ahuyentar. ¡Esfuerzo inútil!
    Me rodean, me acosan,
y unos tras otros a clavarme vienen
el agudo aguijón que el alma encona.

LXIII.

  Come sciame di api infastidite,
da uno scuro angolo della memoria
escono per tormentarmi i ricordi
     delle passate ore.
  Io vorrei scacciarli. Sforzo inutile!
    Mi circondano, mi inseguono,
e succedendosi l'un l'altro a conficcarmi vengono
gli acuti pungiglioni che l'anima infiammano.

LXIV.

   Como guarda el avaro su tesoro,
      guardaba mi dolor;
yo quería probar que hay algo eterno
a la que eterno me juró su amor.

   Mas hoy lo llamo en vano, y oigo al Tiempo
      que lo agotó, decir:
«¡Ah barro miserable, eternamente
      no podrás ni aun sufrir!».

LXIV.

    Come l'avaro custodisce il suo tesoro,
        serbavo il mio dolore;
io volevo provare che vi è qualcosa di eterno
a colei che eterno mi giurò il suo amore.

    Ma oggi lo chiamo invano, e sento il Tempo,
        che lo consumò, dire:
«Ah fango miserabile, eternamente
        non potrai nemmeno soffrire!».

LXV.

   Llegó la noche y no encontré un asilo,
¡y tuve sed!... Mis lágrimas bebí.
¡y tuve hambre!... ¡Los hinchados ojos
     cerré para morir!
   ¡Estaba en un desierto! Aunque a mi oído
de las turbas llegaba el ronco hervir,
yo era huérfano y pobre... ¡El mundo estaba
     desierto para mí!

LXV.

   Giunse la notte e non trovai asilo,
ed ebbi sete!... Le mie lacrime dovetti bere;
ed ebbi fame!... Gli stanchi occhi
      chiusi per morire!
   Ero in un deserto! Benché alle mie orecchie
della turba arrivasse il bulicare rauco,
io ero orfano e povero... Il mondo
      per me... era deserto!

LXVI.

 ¿De dónde vengo?... El más horrible y áspero
  de los senderos busca.
Las huellas de unos pies ensangrentados
  sobre la roca dura;
los despojos de un alma hecha jirones
  en las zarzas agudas,
   te dirán el camino
   que conduce a mi cuna.
 ¿A dónde voy? El más sombrío y triste
  de los páramos cruza:
valle de eternas nieves y de eternas
  melancólicas brumas.
En donde esté una piedra solitaria
  sin inscripción alguna,
   donde habite el olvido,
   allí estará mi tumba.

LXVI.

 Da dove vengo?... Il più orrido e aspro
  dei sentieri cerca.
Le impronte dei piedi insanguinati
  sulla roccia dura;
i resti di un'anima fatta a brandelli
  sugli aguzzi rovi,
  ti diranno il cammino
  che conduce alla mia culla.
 Dove vado? Il più ombroso e triste
  dei deserti attraversa:
valle di eterne nevi e di eterna
  malinconica bruma.
Dove ci sia una pietra solitaria
  senza iscrizione nessuna,
  dove abiti l'oblio,
  là starà la mia sepoltura.

LXVII.

   ¡Qué hermoso es ver el día
coronado de fuego levantarse,
     y a su beso de lumbre
brillar las olas y encenderse el aire!

   ¡Qué hermoso es, tras la lluvia
del triste otoño en la azulada tarde,
     de las húmedas flores
el perfume aspirar hasta saciarse!

   ¡Qué hermoso es, cuando en copos
la blanca nieve silenciosa cae,
     de las inquietas llamas
ver las rojizas lenguas agitarse!

   ¡Qué hermoso es cuando hay sueño
dormir bien... y roncar como un sochantre...
y comer... y engordar...! ¡y qué desgracia
     que esto sólo no baste!

LXVII.

    Che bello è vedere il giorno
incoronato di fiamme levarsi,
      e col suo bacio di fuoco
far brillare le onde e l'aria accendersi!

    Che bello è, dopo la pioggia
del triste autunno nella bluastra notte,
      degli umidi fiori
il profumo aspirare fino a saziarsi!

    Che bello è, quando in fiocchi
la bianca neve silenziosa cade,
      delle inquiete fiamme
vedere le rossicce lingue agitarsi!

    Che bello è quando si ha sonno
dormire bene... e russare come un vecchio frate...,
e mangiare... e ingrassare...! E che sfortuna
      che tutto questo non basti!

LXVIII.

No sé lo que he soñado
en la noche pasada;
triste, muy triste debió ser el sueño,
pues despierto la angustia me duraba.
Noté al incorporarme,
húmeda la almohada,
y por primera vez sentí, al notarlo
de un amargo placer henchirse el alma.
Triste cosa es el sueño
que llanto nos arranca;
mas tengo en mi tristeza una alegría...
¡Sé que aún me quedan lágrimas!

LXVIII.

    Non so quel che ho sognato
      nella notte passata;
triste, molto triste sarà stato il sogno,
se già sveglio l'angoscia mi durava.
    Notai, alzandomi,
      umido il cuscino,
e per la prima volta sentii, notandolo,
di un amaro piacere riempirsi l'anima.
    Triste cosa è quel sogno
      che il pianto strappa;
ma ho, nella mia tristezza, una gioia...
So che ancora mi rimane qualche lacrima!

LXIX.

   Al brillar un relámpago nacemos,
y aún dura su fulgor cuando morimos.
       ¡Tan corto es el vivir!
   La gloria y el amor tras que corremos,
sombras de un sueño son que perseguimos.
       ¡Despertar es morir!

LXIX.

  Con lo splendore del lampo nasciamo,
e ancora dura il suo bagliore quando moriamo.
        Così breve è il vivere!
  La Gloria e l'Amore che rincorriamo,
ombre sono di un sogno che inseguiamo.
        Svegliarsi è morire!

LXX.

    ¡Cuántas veces al pie de las musgosas
        paredes que la guardan
oí la esquila que al mediar la noche
        a los maitines llama!

    ¡Cuántas veces trazó mi triste sombra
        la luna plateada,
junto a la del ciprés, que de su huerto
        se asoma por las tapias!

    Cuando en sombras la iglesia se envolvía
        de su ojiva calada,
¡cuántas veces temblar sobre los vidrios
        vi el fulgor de la lámpara!

    Aunque el viento en los ángulos oscuros
        de la torre silbara,
del coro entre las voces percibía
        su voz vibrante y clara.

    En las noches de invierno, si un medroso
        por la desierta plaza
se atrevía a cruzar, al divisarme
        el paso aceleraba.

    Y no faltó una vieja que en el torno
        dijese a la mañana,
que de algún sacristán muerto en pecado
        acaso era yo el alma.

    A oscuras conocía los rincones
        del atrio y la portada;
de mis pies las ortigas que allí crecen
        las huellas tal vez guardan.

    Los búhos que espantados me seguían
        con sus ojos de llamas,
llegaron a mirarme, con el tiempo,

LXX.

    Quante volte ai piedi del muscoso
        muro che la occulta
sentii la campanella che a metà della notte
        al mattutino chiama!

    Quante volte disegnò la mia triste ombra
        l'argentata luna
con quella del cipresso che dal suo orto,
        si affaccia dalle mura!

    Quando nelle ombre della notte la chiesa s'avvolgeva,
        dalla sua ogiva traforata,
quante volte sui vetri tremare
        vidi il fulgore della lampada!

    Benché il vento negli angoli bui
        della torre sibilasse,
dal coro, fra le voci, percepivo
        la sua voce chiara e vibrante.

    Nelle notti d'inverno, se un timoroso
        per la deserta piazza
osava passare, vedendomi,
        il passo accelerava.

    E non mancò la vecchia che dalla ruota
        all'indomani dicesse
che di qualche sacrestano morto in peccato
        ero l'anima probabilmente.

    Al buio conoscevo ogni angolo
        dell'atrio e dell'ingresso;
dei miei piedi, le ortiche che là crescono,
        forse le impronte conservano.

    I gufi che, spaventati, mi seguivano
        con i loro occhi di fiamma,
arrivarono col tempo a guardarmi

 como a un buen camarada.

A mi lado sin miedo los reptiles
 se movían a rastras.
¡Hasta los mudos santos de granito
 vi que me saludaban!

come un compagno di strada.

Accanto a me, senza paura, i rettili
   strisciando si muovevano.
E vidi persino le sante mura di granito
   che mi salutavano!

LXXI.

   No dormía; vagaba en ese limbo
en que cambian de forma los objetos,
misteriosos espacios que separan
      la vigilia del sueño.

   Las ideas, que en ronda silenciosa
daban vueltas en torno a mi cerebro,
poco a poco en su danza se movían
      con un compás más lento.

   De la luz que entra al alma por los ojos
los párpados velaban el reflejo:
mas otra luz el mundo de visiones
      alumbraba por dentro.

   En este punto resonó en mi oído
un rumor semejante al que en el templo
vaga confuso al terminar los fieles
      con un *amén* sus rezos.

   Y oí como una voz delgada y triste
que por mi nombre me llamó a lo lejos,
y sentí olor de cirios apagados,
      de humedad y de incienso.

...

   Entró la noche y del olvido en brazos
caí cual piedra en su profundo seno.
Dormí, y al despertar exclamé: «Alguno
      que yo quería ha muerto!».

LXXI.

   Non dormivo; vagavo in quel limbo
dove degli oggetti muta la forma:
misteriosi spazi che separano
      il sonno dalla veglia.

   Le idee, che in ronda silenziosa
giravano intorno al mio cervello,
a poco a poco, con un ritmo più lento,
      nella loro danza si muovevano.

   Della luce che nell'anima entra dagli occhi
le palpebre velavano il riflesso;
ma un'altra luce il mondo dei sogni
      illuminava dall'interno.

   A quel punto risuonò nel mio orecchio
un rumore simile a quello che nelle chiese
vaga, confuso, quando terminano i fedeli
      con un *amen* le loro preghiere.

   E udii come una voce sottile e triste
che mi chiamò da lontano per nome,
e, di ceri spenti, di umidità e d'incenso,
      sentii l'odore.

...

   Giunse la notte, e dell'oblio nelle braccia
caddi come pietra nel suo seno profondo.
Dormii e al risveglio esclamai: «Qualcuno
      che io amavo è morto!».

LXXII.

Primera voz

– Las ondas tienen vaga armonía;
las violetas suave olor;
brumas de plata la noche fría;
    luz y oro el día;
    yo, algo mejor:
    ¡yo tengo *Amor*!

Segunda voz

– Aura de aplausos, nube radiosa,
ola de envidia que besa el pie,
isla de sueños donde reposa
    el alma ansiosa,
    ¡dulce embriaguez,
    la *Gloria* es!

Tercera voz

– Ascua encendida es el tesoro,
sombra que huye, la vanidad;
todo es mentira: la gloria, el oro.
    Lo que yo adoro
    sólo es verdad:
    ¡la *Libertad*!

...

    Así los barqueros pasaban cantando
        la eterna canción,
y al golpe de remo saltaba la espuma
        y heríala el sol.
    «¿Te embarcas?», gritaban. Y yo, sonriendo,
        les dije al pasar:
    «Ha tiempo lo hice; por cierto que aún tengo
la ropa en la playa tendida a secar».

LXXII.

Prima voce

– Vaga armonia hanno le onde;
le violette soave odore;
brume d'argento la fredda notte,
    il giorno luci dorate;
    io, cosa migliore:
    io ho l'*Amore*!

Seconda voce

– Aurora di applausi, nuvola radiosa,
onda d'invidia che il piede bacia,
isola di sogni dove riposa
    l'anima ansiosa,
    dolce ubriachezza,
    questa è la *Gloria*!

Terza voce

– Brace rovente è il tesoro,
ombra che fugge, la vanità;
tutto è bugia: la gloria, l'oro.
    Quel che io adoro
    è la sola verità:
    la *Libertà*!

...

Così i barcaioli passavano cantando
    l'eterna canzone,
e a colpi di remo saltava la schiuma
    e la feriva il sole.
«Ti imbarchi?», gridavano. E io, sorridendo,
    dissi loro al passare:
«Tempo fa l'ho fatto; infatti, ho ancora
i panni in spiaggia stesi ad asciugare».

LXXIII.

    Cerraron sus ojos,
que aún tenía abiertos;
taparon su cara
con un blanco lienzo;
y unos sollozando,
y otros en silencio,
de la triste alcoba
todos se salieron.
    La luz, que en un vaso
ardía en el suelo,
al muro arrojaba
la sombra del lecho;
y entre aquella sombra
veíase, a intervalos,
dibujarse rígida
la forma del cuerpo.
    Despertaba el día,
y a su albor primero,
con sus mil ruidos
despertaba el pueblo;
ante aquel contraste
la vida y misterios,
de luz y tinieblas,
medité un momento:
**¡Dios mío, qué solos
se quedan los muertos!**

    De la casa en hombros
lleváronla al templo,
y en una capilla
dejaron el féretro.
Allí rodearon
sus pálidos restos
de amarillas velas
y de paños negros.
    Al dar de las ánimas
el toque postrero,
acabó una vieja
sus últimos rezos;

LXXIII.

   Le chiusero gli occhi,
che ancor teneva aperti;
coprirono il suo volto
con bianchi lenzuoli;
e alcuni singhiozzando,
in silenzio altri,
dalla triste stanza
uscirono tutti.
   La luce, che in un vaso
ardeva sul pavimento,
sul muro proiettava
l'ombra del letto;
e in mezzo a quell'ombra
si vedeva, ogni tanto,
disegnarsi rigida
la forma del corpo.
   Si svegliava il giorno,
e ai primi albori,
con i suoi mille rumori
si svegliava il borgo;
dinanzi a quel contrasto
di vita e di mistero,
di luce e di tenebre,
meditai un momento:
**Dio mio, quanto solo
rimane un morto!**

   Dalla casa, a spalle,
la portarono al tempio,
e in una cappella
lasciarono il feretro.
Circondarono ivi
i suoi pallidi resti
di ceri ingialliti
e di panni neri.
   Al suonar delle Anime
il rintocco finale
una vecchia esauriva
l'ultima orazione;

cruzó la ancha nave,
las puertas gimieron,
y el santo recinto
quedóse desierto.
  De un reloj se oía
acompasado el péndulo
y de algunos cirios
el chisporroteo.
Tan medroso y triste,
tan oscuro y yerto
todo se encontraba...,
que pensé un momento:
**¡Dios mío, qué solos
se quedan los muertos!**

  De la alta campana
la lengua de hierro
le dio, volteando,
su adiós lastimero.
El luto en las ropas,
amigos y deudos
cruzaron en fila
formando cortejo.
  Del último asilo,
oscuro y estrecho,
abrió la piqueta
el nicho a un extremo.
Allí la acostaron,
tapáronla luego,
y con un saludo
despidióse el duelo.
  La piqueta al hombro,
el sepulturero
cantando entre dientes
se perdió a lo lejos.
La noche se entraba,
reinaba el silencio;
perdido en las sombras,
medité un momento:
**¡Dios mío, qué solos
se quedan los muertos!**

uscì dall'ampia navata,
le porte gemettero
e il santo recinto
rimase deserto.
 Di un orologio si udiva
cadenzato il pendolo
e di alcuni ceri
il crepitio lento.
Così triste e pauroso,
così rigido e scuro
si trovava tutto...,
che pensai un momento:
**Dio mio, quanto solo
rimane un morto!**

 Dell'alta campana
la lingua di ferro
le diede, suonando,
l'addio dolente.
Il lutto nei panni,
amici e parenti
passarono in fila,
formando il corteo.
 Dell'ultimo asilo,
stretto e scuro,
aprì il piccone
in un angolo il loculo.
Colà la sdraiarono,
per ricoprirla più tardi,
e con un saluto
finì il funerale.
 Il piccone sulla spalla,
il sotterratore
cantando fra i denti
lontano si perse.
La notte arrivava,
regnava il silenzio;
perso fra le ombre,
meditai un momento:
**Dio mio, quanto solo
rimane un morto!**

En las largas noches
del helado invierno,
cuando las maderas
crujir hace el viento
y azota los vidrios
el fuerte aguacero,
de la pobre niña
a solas me acuerdo.
Allí cae la lluvia
con un son eterno;
allí la combate
el soplo del cierzo.
Del húmedo muro
tendida en el hueco,
¡acaso de frío
se hielan sus huesos!...

...

¿Vuelve el polvo al polvo?
¿Vuela el alma al cielo?
¿Todo es vil materia,
podredumbre y cieno?
¡No sé; pero hay algo
que explicar no puedo,
que al par nos infunde
repugnancia y duelo
al dejar tan tristes,
tan solos, los muertos!

Nelle lunghe notti
del gelido inverno,
quando il legno
cricchiare fa il vento
e colpisce i vetri
il forte acquazzone,
della povera giovine
a volte mi rammento.
   Là cade la pioggia
con un suono eterno;
là viene battuta
dal soffio del vento.
Dell'umido muro
nella cavità distesa,
forse di freddo
gelano le sue ossa!...

...

   Torna la polvere alla polvere?
Vola in cielo l'anima?
Tutto è materia vile,
putridume e melma?
Non so; ma c'è qualcosa
che spiegar non posso,
che alla pari ci infonde
ripugnanza e duolo
quando si lascia così triste,
così solo, un morto!

LXXIV.

      Las ropas desceñidas,
      desnudas las espadas,
en el dintel de oro de la puerta
      dos ángeles velaban.

      Me aproximé a los hierros
      que defienden la entrada
y de la doble reja en el fondo
      la vi confusa y blanca.

      La vi como la imagen
      que en leve ensueño pasa,
como royo de luz tenue y difuso
      que entre tinieblas nada.

      Me sentí de un ardiente
      deseo llena el alma:
como atrae un abismo, aquel misterio
      hacia sí me arrastraba.

      Mas ¡ay! que de los ángeles
parecían decirme las miradas:
      — ¡El umbral de esta puerta
      sólo Dios lo traspasa!

LXXIV.

    Le vesti discinte,
      nude le spalle,
sull'uscio d'oro della porta
    vegliavano due angeli.

    Mi approssimai ai cancelli
    che difendono l'entrata,
e dalla doppia inferriata, sullo sfondo,
    la vidi confusa e bianca.

    La vidi come l'immagine
    che passa in sogno lieve,
come raggio di luce tenue e diffuso
    che nuota fra le tenebre.

    Mi sentii di un ardente
    desio colma l'anima:
come un abisso quel mistero
    a sé mi trascinava!

    Ma, ahi! ché degli angeli
lo sguardo dirmi sembrava:
    «L'uscio di questa porta
    solo Dio lo trapassa!».

LXXV.

    ¿Será verdad que cuando toca el sueño
con sus dedos de rosa nuestros ojos,
de la cárcel que habita huye el espíritu
       en vuelo presuroso?
    ¿Será verdad que, huésped de las nieblas,
de la brisa nocturna al tenue soplo
alado sube a la región vacía
       a encontrarse con otros?
    ¿Y allí, desnudo de la humana forma,
allí los lazos terrenales rotos,
breves horas habita de la idea
       el mundo silencioso?
    ¿Y ríe y llora, y aborrece y ama,
y guarda un rastro del dolor y el gozo,
semejante al que deja cuando cruza
       el cielo un meteoro?

    ¡Y no sé si ese mundo de visiones
vive fuera o va dentro de nosotros;
pero sé que conozco a muchas gentes
       a quienes non conozco!

LXXV.

 Sarà vero che quando i nostri occhi
con le sue dita di rosa tocca il sonno,
dal carcere dove abita fugge lo spirito
  in affrettato volo?
 Sarà vero che, ospite delle nebbie,
della brezza notturna col tenue soffio
alato sale alla regione vuota
  a incontrar qualcun altro?
 E lassù, nudo della forma umana,
lassù, spezzato il terreno laccio,
brevi ore abita dell'idea
  il mondo silenzioso?
 E ride e piange, e aborre e ama,
e conserva del dolore e della gioia una traccia,
somigliante a quella che lascia un meteorite
  quando nel cielo passa?

 Io non so se quel mondo di visioni
viva fuori o in noi sia dentro;
ma so che conosco molta gente
  che non conosco!

LXXVI.

  En la imponente nave
  del templo bizantino,
vi la gótica tumba, a la indecisa
luz que temblaba en los pintados vidrios.
  Las manos sobre el pecho,
  y en las manos un libro,
una mujer hermosa reposaba
sobre la urna, del cincel prodigio.
  Del cuerpo abandonado
  al dulce peso hundido,
cual si de blanda pluma y raso fuera,
se plegaba su lecho de granito.
  De la postrer sonrisa,
  el resplandor divino
guardaba el rostro, como el cielo guarda,
del sol que muere, el rayo fugitivo.
  Del cabezal de piedra,
  sentados en el filo,
dos ángeles, el dedo sobre el labio,
imponían silencio en el recinto.
  No parecía muerta;
  de los arcos macizos
parecía dormir en la penumbra,
y que en sueños veía el paraíso.
  Me acerqué de la nave
  al ángulo sombrío,
como quien llega con callada planta
junto a la cuna donde duerme un niño.
  La contemplé un momento.
  Y aquel resplandor tibio,
aquel lecho de piedra que ofrecía,
próximo al muro, otro lugar vacío,
  en el alma avivaron
  la sed de lo infinito,
el ansia de esa vida de la muerte,
para la que un instante son los siglos...

...

LXXVI.

      Nell'imponente navata
     del tempio bizantino,
vidi la gotica tomba all'incerta
luce che tremava sul vetro dipinto.
      Le mani sul petto
     e nelle mani un libro,
una bella donna riposava
sull'urna, dello scalpello prodigio.
      Del corpo abbandonato,
     sotto il dolce peso annientato,
come se di molli piume e raso fosse,
si piegava, di granito, il letto.
      Dell'ultimo sorriso,
     lo splendore divino,
servava il volto, come il cielo conserva
del sole che muore il raggio fuggitivo.
      Del capezzale di pietra,
     seduti sul filo,
due angeli, alle labbra il dito,
imponevano silenzio nel recinto.
      Non sembrava morta;
     dall'arco massiccio
sembrava dormire nella penombra,
e in sogno vedere il paradiso.
      Mi avvicinai della navata
     all'ombroso angolo,
come chi arriva con silenzioso passo
alla culla dove dorme un pargolo.
      La contemplai un momento.
     E quello splendore fioco,
quel letto di pietra che offriva,
vicino al muro un altro posto vuoto,
      nell'anima ravvivarono
     la sete dell'eterno,
l'ansia di quella vita della morte,
per la quale i secoli passano in un baleno...

...

  Cansado del combate
  en que luchando vivo,
alguna vez recuerdo con envidia
aquel rincón oscuro y escondido.
  De aquella muda y pálida
  mujer me acuerdo y digo:
«¡Oh, qué amor tan callado el de la muerte!
¡Qué sueño el del sepulcro tan tranquilo!».

       Stanco del conflitto
       in cui lottando vivo,
qualche volta rammento con invidia
quell'angolo nascosto e buio.
       Di quella muta e pallida
       donna mi ricordo e dico:
«O, che amore tanto cheto quello della morte!
Che sonno, quello del sepolcro, così tranquillo!».

LXXVII.

 Dices que tienes corazón, y sólo
lo dices porque sientes sus latidos.
Eso no es corazón...; es una máquina
que al compás que se mueve hace ruido.

LXXVII.

Dici che hai un cuore, e solo
lo dici perché i suoi battiti senti;
quello non è un cuore...: è una macchina
che mentre si muove fa rumore.

LXXVIII.

   Una mujer me ha envenenado el alma,
otra mujer me ha envenenado el cuerpo;
ninguna de las dos vino a buscarme,
yo de ninguna de las dos me quejo.

   Como el mundo es redondo, el mundo rueda.
Si mañana, rodando, este veneno
envenena a su vez, ¿por qué acusarme?
¿Puedo dar más de lo que a mí me dieron?

LXXVIII.

   Una donna mi ha avvelenato l'anima,
un'altra donna mi ha avvelenato il corpo;
nessuna delle due venne a cercarmi,
io di nessuna delle due mi lamento.

   Poiché il mondo è rotondo, il mondo ruota;
se domani, ruotando, questo veleno
a sua volta avvelena, perché accusarmi?
Posso dare più di quel che mi diedero?

LXXIX.

   Fingiendo realidades
con sombra vana,
delante del Deseo
va la Esperanza;
y sus mentiras,
como el Fénix, renacen
de sus cenizas.

LXXIX.

Fingendo realtà
con apparenza vana,
prima del Desiderio
va la Speranza;
e le sue bugie
rinascono dalle sue ceneri,
come la Fenice.

Indice

p. 7 *Introduzione* di Marina Cepeda Fuentes

12 *Nota biobibliografica*

RIMAS / RIME

19 *Introduzione sinfonica* (dal «Libro dei passeri»)
22   I. «*Yo sé un himno gigante y extraño*»
       I. «Io so un inno immenso e strano»
24   II. «*Saeta que voladora*»
       II. «Saetta che volando»
26   III. «*Sacudimiento extraño*»
       III. «Strana scossa»
32   IV. «*No digáis que agotado su tesoro*»
       IV. «Non dite che esaurito il suo tesoro»
36   V. «*Espíritu sin nombre*»
       V. «Spirito senza nome»
42   VI. «*Como la brisa que la sangre orea*»
       VI. «Come la brezza che il sangue arieggia»
44   VII. «*Del salón en el ángulo oscuro*»
       VII. «Del salotto nell'angolo buio»
46   VIII. «*Cuando miro el azul horizonte*»
       VIII. «Quando guardo l'azzurro orizzonte»
48   IX. «*Besa el aura que gime blandamente*»
       IX. «Bacia l'aura, che geme dolcemente»
50   X. «*Los invisibles átomos del aire*»
       X. «Gl'invisibili atomi dell'aria»
52   XI. «*– Yo soy ardiente, yo soy morena*»
       XI. «– Io sono ardente, io sono bruna»

| p. 54 | XII. «*Porque son, niña, tus ojos*»
| | XII. «Poiché sono, ragazza, i tuoi occhi»
| 58 | XIII. «*Tu pupila es azul, y cuando ríes*»
| | XIII. «La tua pupilla è azzurra, e quando ridi»
| 60 | XIV. «*Te vi un punto, y, flotando ante mis ojos*»
| | XIV. «Ti vidi come un punto – e fluttuando nei miei occhi»
| 62 | XV. «*Cendal flotante de leve bruma*»
| | XV. «Drappo ondeggiante di lieve bruma»
| 64 | XVI. «*Si al mecer las azules campanillas*»
| | XVI. «Se a cullare le azzurre campanule»
| 66 | XVII. «*Hoy la tiera y los cielos me sonríen*»
| | XVII. «Oggi la terra e i cieli mi sorridono»
| 68 | XVIII. «*Fatigada del baile*»
| | XVIII. «Stanca di ballare»
| 70 | XIX. «*Cuando sobre el pecho inclinas*»
| | XIX. «Quando sul petto chini»
| 72 | XX. «*Sabe, si alguna vez tus labios rojos*»
| | XX. «Sappi – se qualche volta le tue rosse labbra»
| 74 | XXI. «*¿Qué es poesía?», dices mientras clavas*»
| | XXI. «Cos'è la poesia?», dici mentre fissi»
| 76 | XXII. «*¿Como vive esa rosa que has prendido?*»
| | XXII. «Come vive quella rosa che hai appuntato»
| 78 | XXIII. «*Por una mirada, un mundo*»
| | XXIII. «Per uno sguardo, un mondo»
| 80 | XXIV. «*Dos rojas lenguas de fuego*»
| | XXIV. «Due rosse lingue di fuoco»
| 82 | XXV. «*Cuando en la noche te envuelven*»
| | XXV. «Quando nella notte ti avvolgono»
| 84 | XXVI. «*Voy contra mi interés al confesarlo*»
| | XXVI. «Vado contro il mio interesse confessandolo»
| 86 | XXVII. «*Despierta, tiemblo al mirarte*»
| | XXVII. «Sveglia, tremo al guardarti»
| 90 | XXVIII. «*Cuando entre la sombra oscura*»
| | XXVIII. «Quando tra la scura ombra»

p. 92	XXIX.	«*Sobre la falda tenía*»
	XXIX.	«Sulla gonna aveva»
94	XXX.	«*Asomaba a sus ojos una lágrima*»
	XXX.	«Si affacciava ai suoi occhi una lacrima»
96	XXXI.	«*Nuestra pasión fue un trágico sainete*»
	XXXI.	«La nostra passione fu una tragica farsa»
98	XXXII.	«*Pasaba arrolladora en su hermosura*»
	XXXII.	«Passava travolgente nella sua bellezza»
100	XXXIII.	«*Es cuestión de palabras, y, no obstante*»
	XXXIII.	«È questione di parole, eppure»
102	XXXIV.	«*Cruza callada, y son sus movimientos*»
	XXXIV.	«Passa silente, e sono i suoi movimenti»
104	XXXV.	«*¡No me admiró tu olvido! Aunque de un día*»
	XXXV.	«Non mi stupì il tuo oblio! Bensì un giorno»
106	XXXVI.	«*Si de nuestros agravios en un libro*»
	XXXVI.	«Se dei nostri torti in un libro»
108	XXXVII.	«*Antes que tú me moriré; escondido*»
	XXXVII.	«Prima di te morirò; già nascosta»
110	XXXVIII.	«*Los suspiros son aire y van al aire*»
	XXXVIII.	«I sospiri sono aria e vanno nell'aria»
112	XXXIX.	«*¿A qué me lo decís? Lo sé: es mudable*»
	XXXIX.	«Che me lo dite a fare? Lo so: è mutevole»
114	XL.	«*Su mano entre mis manos*»
	XL.	«La sua mano fra le mie mani»
116	XLI.	«*Tú eras el huracán y yo la alta*»
	XLI.	«Tu eri l'uragano e io l'alta»
118	XLII.	«*Cuando me lo contaron sentí el frío*»
	XLII.	«Quando me lo raccontarono sentii il freddo»
120	XLIII.	«*Dejé la luz a un lado, y en el borde*»
	XLIII.	«Lasciai perdere la luce, e sul bordo»
122	XLIV.	«*Como en un libro abierto*»
	XLIV.	«Come in un libro aperto»
124	XLV.	«*En la clave del arco mal seguro*»
	XLV.	«Sulla chiave dell'arco poco sicuro»

p. 126	XLVI.	«*Me ha herido recatándose en las sombras*»
	XLVI.	«Mi ha ferito occultandosi nelle ombre»
128	XLVII.	«*Yo me he asomado a las profundas simas*»
	XLVII.	«Io mi sono affacciato ai profondi baratri»
130	XLVIII.	«*Como se arranca el hierro de una herida*»
	XLVIII.	«Come si leva il coltello da una ferita»
132	XLIX.	«*Alguna vez la encuentro por el mundo*»
	XLIX.	«Qualche volta l'incontro per il mondo»
134	L.	«*Lo que el salvaje que con torpe mano*»
	L.	«Come il selvaggio che, con mano maldestra»
136	LI.	«*De lo poco de vida que me resta*»
	LI.	«Della poca vita che mi resta»
138	LII.	«*Olas gigantes que os rompéis bramando*»
	LII.	«Onde giganti che vi infrangete bramendo»
140	LIII.	«*Volverán las oscuras golondrinas*»
	LIII.	«Torneranno le scure rondini»
142	LIV.	«*Cuando volvemos las fugaces horas*»
	LIV.	«Quando torniamo, le fugaci ore»
144	LV.	«*Entre el discorde estruendo de la orgía*»
	LV.	«Fra il dissonante frastuono dell'orgia»
146	LVI.	«*Hoy como ayer, mañana como hoy*»
	LVI.	«Oggi come ieri, domani come oggi»
148	LVII.	«*Este armazón de huesos y pellejo*»
	LVII.	«Questa carcassa di ossa e di pellaccia»
150	LVIII.	«*¿Quieres que de ese néctar delicioso*»
	LVIII.	«Vuoi che di quel nettare delizioso»
152	LIX.	«*Yo sé cuál el objeto*»
	LIX.	«Io so quale l'oggetto»
154	LX.	«*Mi vida es un erial*»
	LX.	«La mia vita è una brughiera»
156	LXI.	«*Al ver mis horas de fiebre*»
	LXI.	«Per vedere le mie ore di febbre»
158	LXII.	«*Primero es un albor trémulo y vago*»
	LXII.	«Per primo è un albore tremulo e un vago»
160	LXIII.	«*Como enjambre de las abejas irritadas*»
	LXIII.	«Come sciame di api infastidite»
162	LXIV.	«*Como guarda el avaro su tesoro*»
	LXIV.	«Come l'avaro custodisce il suo tesoro»

p. 164	LXV.	«*Llegó la noche y no encontré un asilo*»
	LXV.	«Giunse la notte e non trovai asilo»
166	LXVI.	«*¿De dónde vengo?... El más horrible y áspero*»
	LXVI.	«Da dove vengo?... Il più orrido e aspro»
168	LXVII.	«*¡Qué hermoso es ver el día*»
	LXVII.	«Che bello è vedere il giorno»
170	LXVIII.	«*No sé lo que he soñado*»
	LXVIII.	«Non so quel che ho sognato»
172	LXIX.	«*Al brillar un relámpago nacemos*»
	LXIX.	«Con lo splendore del lampo nasciamo»
174	LXX.	«*¡Cuántas veces al pie de las musgosas*»
	LXX.	«Quante volte ai piedi del muscoso»
178	LXXI.	«*No dormía; vagaba en ese limbo*»
	LXXI.	«Non dormivo; vagavo in quel limbo»
180	LXXII.	«*– Las ondas tienen vaga armonía*»
	LXXII.	«– Vaga armonia hanno le onde»
182	LXXIII.	«*Cerraron sus ojos*»
	LXXIII.	«Le chiusero gli occhi»
188	LXXIV.	«*Las ropas desceñidas*»
	LXXIV.	«Le vesti discinte»
190	LXXV.	«*¿Será verdad que cuando toca el sueño*»
	LXXV.	«Sarà vero che quando i nostri occhi»
192	LXXVI.	«*En la imponente nave*»
	LXXVI.	«Nell'imponente navata»
196	LXXVII.	«*Dices que tienes corazón, y sólo*»
	LXXVII.	«Dici che hai un cuore, e solo»
198	LXXVIII.	«*Una mujer me ha envenenado el alma*»
	LXXVIII.	«Una donna mi ha avvelenato l'anima»
200	LXXIX.	«*Fingiendo realidades*»
	LXXIX.	«Fingendo realtà»

Grandi Tascabili Economici, sezione dei Paperbacks
Pubblicazione settimanale, 14 agosto 1996
Direttore responsabile: G.A. Cibotto
Registrazione del Tribunale di Roma n. 16024 del 27 agosto 1975
Fotocomposizione: Primaprint s.n.c., Viterbo
Stampato per conto della Newton & Compton editori s.r.l., Roma
presso la Legatoria del Sud s.r.l., Ariccia (Roma)
Distribuzione nazionale per le edicole: A. Pieroni s.r.l.
Viale Vittorio Veneto 28 - 20124 Milano - telefono 02-29000221
telex 332379 PIERON I - telefax 02-6597865
Consulenza diffusionale: Eagle Press s.r.l., Roma